Albert Schultheiss

Der Schelmenroman der Spanier und seine Nachbildungen

Albert Schultheiss

Der Schelmenroman der Spanier und seine Nachbildungen

ISBN/EAN: 9783743697553

Hergestellt in Europa, USA, Kanada, Australien, Japan

Cover: Foto ©Andreas Hilbeck / pixelio.de

Weitere Bücher finden Sie auf **www.hansebooks.com**

Der Schelmenroman der Spanier
und seine Nachbildungen.

Von

Albert Schultheiß
in München.

— — ◆ —

Hamburg.
Verlagsanstalt und Druckerei A.-G. (vormals J. F. Richter).
Königliche Hofverlagshandlung.
1893.

Druck der Verlagsanstalt und Druckerei A.-G. (vorm. J. F. Richter) in Hamburg,
Königliche Hofbuchdruckerei.

Im Jahre 1553 erschien zu Antwerpen ein Büchlein in spanischer Sprache unter dem Titel: „Das Leben Lazarillos de Tormes, seine Freuden und Leiden". Der Name des Verfassers war nicht genannt, aber das Werkchen selbst fand alsbald so viele Freunde und Leser, daß noch im selben Jahre eine neue Ausgabe und im nächsten drei andere zu Antwerpen, zu Burgos und zu Alcala de Henares veranstaltet wurden. Dem Buche ward eine immer wachsende Beliebtheit in allen Gesellschaftskreisen zu theil, und es verbreitete sich rasch in fremden Ländern. Mehrfach fortgesetzt und in andere Sprachen übertragen, hat es seinen Gang durch die Weltlitteratur angetreten und im Wechsel der Zeit siegreich den Platz behauptet, den es bei seinem ersten Erscheinen eingenommen. Grundlegend für eine neue Gattung von Prosadichtungen ist es für die Entwickelung der erzählenden Dichtung überhaupt von entscheidendem Einfluß gewesen, daher es in reichem Maße jene eingehende Würdigung verdient, welche die vergleichende Litteraturgeschichte von jeher ihm geschenkt.

Hier in aller Kürze der Inhalt des merkwürdigen Buches:

Lazarillo, also Klein-Lazarus, als Sohn eines bitterarmen Müllers bei Salamanka am Ufer des Tormes, geradezu auf dem Wasser zur Welt gekommen, wird in seinem achten Lebens-

jahre von seiner Mutter einem blinden Bettler als Führer
beigegeben und beginnt seinen wenig anmuthigen Beruf damit,
den Alten um die Gaben seiner Wohlthäter zu prellen. Deshalb
strenge bestraft, sinnt er unablässig auf Rache, verübt immer
ärgere Streiche und läuft schließlich ganz davon, den boshaften
Blinden seinem Schicksal überlassend. Lazarillo gelangt nach
Maqueda und sucht als Messediener bei einem Geistlichen
Unterkunft. Der neue Herr ist schmutzig geizig, alle Lebens-
mittel hält er aufs ängstlichste in einer gut schließenden Kiste
verwahrt, die auf listige Art zu öffnen dem allzeit hungrigen
Lazarillo endlich gelingt. Aber der argwöhnische Geistliche
kommt bald hinter solche Schliche, der diebische Diener wird
hart bestraft und obendrein noch fortgeschickt. Bettelnd erreicht
er Toledo, wo ein Edelmann sich seiner annimmt, der aber
leider! außer dem Stolze eines ächten Hidalgo, außer einem
stattlichen Mantel und einem langen Schwerte nichts, auch gar
nichts sein eigen nennt. Während der Herr die Messe hört
und dann auf den Promenaden herumstolzirt, muß Lazarillo
vor den Kirchenthüren sich den kärglichen Lebensunterhalt zu-
sammenbetteln, doch ist der Edelmann immer so herablassend,
an den Mahlzeiten des Dieners theilzunehmen, bis schließlich
das Erscheinen des Alguacil mit seinem Schreiber der lumpigen
Herrlichkeit ein Ende macht. Der Edelmann hat es verstanden,
geschickt den Nachstellungen seiner Gläubiger zu entgehen, der
unschuldig befundene Lazarillo sucht sich einen neuen Herrn und
dient nacheinander einem Ablaßkrämer, einem Tamburinmaler,
einem Kaplan und schließlich einem Alguacil. Dann beginnt der
Domkapitular oder Erzpriester der Kirche San Salvador sich
für ihn zu interessiren. Lazaro heirathet eine seiner Mägde
und führt bis zum Schlusse, trotz aller Lästerzungen, mit seiner
drallen Frau ein ruhiges und gemüthliches Leben.

Zu allen Zeiten hat die nationale und die fremde Kritik

diesem Werke, das in seiner prägnanten Kürze nur die Skizze eines Romans darstellt, das höchste Lob zuerkannt, und für seine Beliebtheit spricht ja am allerdeutlichsten die ganz enorme Verbreitung, die das Büchlein alsbald nach seinem Erscheinen gefunden. In einem ebenso kühnen und reichen, wie echt kastilischen Stile verfaßt, bietet es uns, aus treuester Beobachtung hervorgegangen, anschaulich-frische Schilderungen spanischen Lebens und spanischer Sitten. Die heiter-elastische Frechheit Lazaros wird uns vorgeführt in drastischem Gegensatze zu feierlich-unbeugsamer Haltung altkastilischer Figuren, und wer heute, also fast 3½ Jahrhunderte später, als es erschienen ist, das Werkchen zur Hand nimmt, dem muß eine flüchtige Lektüre alsbald die Ueberzeugung aufdrängen, daß die vorgeführten Personen samt und sonders vollgewichtige Vertreter der damaligen Gesellschaft sind: der „Picaro" so gut wie der „Escudero", der Edelmann, der Kaplan genau wie der „Buldero", der Ablaßkrämer. Das Werk ist seiner ganzen Tendenz nach eine bittere Satire auf die sozialen Zustände jener Zeiten und wurde von den Mitlebenden sofort als solche erkannt, daher die Geistlichkeit in hohem Grade aufgebracht war über die naiv-drollige Art, mit welcher der geistreiche Schelm Lazaro diejenigen Vertreter des Standes schildert, denen er im Leben begegnet. Alsbald nach dem Erscheinen des epochemachenden Romans wurden denn auch jene Kapitel, die ausdrücklich vom Treiben der Mönche handeln, unterdrückt. Sie fehlen auch in derjenigen Ausgabe, die Aufnahme gefunden in dem großen Nationalwerke, der Biblioteca de autores españoles, denn nur unter der Bedingung solcher Auslassung gaben die kirchlichen Autoritäten ihre Genehmigung zu Wiederabdrücken. Im Jahre 1559 hatte Ferdinand von Valdes, Erzbischof von Sevilla und Großinquisitor, das Buch anfänglich mit einem absoluten Verbot zu unterdrücken geglaubt. Wie richtig der Autor den niederen spanischen Adel in seinem Escudero gezeichnet, beweist uns schier die gesamte nachfolgende Litteratur belletristischen Genres. Die unendlich komisch wirkende Grandezza, mit welcher dieser Herr von Habenichts sich geberdet, ist als ein sehr bezeichnender Charakterzug auf eine weit verbreitete Gesellschaftsklasse übergegangen, deren Vertreter in allen Romanen und Komödien vorkommen. Daß aber der Spötter nicht eigentlich übertrieben, muß uns klar werden, wenn wir die Urtheile vernehmen, welche fremde Beobachter damaliger Zeiten fällen. Der Venetianer Andrea Navaglero wurde 1524 im Auftrage der Republik an Karl V. abgeschickt. Er verweilte vier Jahre in Spanien und hat über seinen Aufenthalt in diesem Lande ein Büchlein geschrieben, welches 1563 unter dem Titel: Il Viaggio fatto in Spagna-Vinegia erschienen ist und viel des Anziehenden und Belehrenden enthält, wie denn bekanntermaßen die venetianischen Gesandtschaftsberichte überhaupt sich dem Historiker von unschätzbarem Werthe erweisen. Navaglero also findet bereits, daß der mit wenig Ausnahmen verarmte Adel das, was ihm an Besitz abgeht, durch seinen Stolz, oder wie das bezeichnende Wort lautet: fantasia ersetzt, dessen er soviel inne hat, daß, wenn ihm Genüge geschehen sollte, die Welt sich als zu klein erweisen würde.

Aber keineswegs auf die Adelsklassen allein beschränkte sich diese Verarmung, sie hatte während der Regierung des großen Kaisers, in dessen Reichen ja nach einem trivial gewordenen Spruche die Sonne nicht untergegangen, bereits in allen Schichten der Bevölkerung begonnen, unter dem zweiten Philipp reißende Fortschritte gemacht und einen Höhepunkt erreicht unter den Habsburgern, als noch fast ganz Europa an die gewaltige, achtunggebietende Macht Spaniens glaubte.

Wir würden den Schelmenroman, wenn wir diese Uebersetzung für den schwer zu definirenden Ausdruck novela picaresca beibehalten, in seiner Eigenart kaum völlig verstehen, wollten wir uns nicht, in Grundzügen wenigstens, die Signatur der Zeit vergegenwärtigen, der er seine Entstehung verdankt.

Was die weltgeschichtliche Größe und Bedeutung Spaniens ausgemacht, war auch die vornehmlichste Ursache seines Niederganges: jener ungeheure Hochmuth, jene schrankenlose fantasia, von höchster Stelle herab langsam, aber sicher sich den niederen Klassen mittheilend, sie haben es bewirkt, daß das ganze Volk ruhmlos herniedergeglitten von jener Höhe, zu der es sich vordem in heißer Bethätigung der edelsten Kräfte aufgeschwungen.

Genugsam ist bekannt, daß Karl V. sich unausgesetzt in finanziellen Nöthen befunden. Berichtet uns doch sein Geschichts=schreiber, der Spanier Sandoval, daß der große Kaiser ein Jahr nach den großen Festlichkeiten zu Toledo (1525) die reiche Mitgift seiner jungen portugiesischen Gemahlin zum erneuten Widerstande gegen Franz I. brauchte, und daß er wiederum drei Jahre später den Erlös aus den an Portugal verkauften Mo=lukken zur Reise nach Italien verwendete. Aus den venetianischen Gesandtschaftsberichten erhellt, daß Karl V. zwar jährlich von Kastilien und Flandern eine runde Million eingenommen, doch verpflichtet gewesen, 950000 Dukaten auszugeben, so daß dem reichsten Erben der Erde fast nichts übrig blieb und er auf ein Extraordinarium aus Kastilien, auf eingezogene Vermögen der Morisken und auf andere Kasualien angewiesen war. Als er, frühe zu einem müden Greise geworden, Ruhe gesucht in den stillen Klostermauern, mag er eingesehen haben, wie nutzlos sein Bemühen gewesen, eine Universal=Monarchie zu gründen. Die Hartnäckigkeit, mit welcher sein Sohn Philipp an dem Gedanken festgehalten, seinem Mutterlande den Prinzipat zu sichern, war gewiß für Spanien selbst nicht von Segen, aber das Verhängniß, daß der starre Autokrat sich für berufen hielt, den angeblich bedrohten christlichen Glauben zu schirmen, hatte die schlimmsten

Rückwirkungen im Gefolge. Die unnachsichtige Strenge der Priester gegen Andersgläubige vernichtete mit dem Austreiben der Morisken Ackerbau, Handel und Gewerbe in ihren Wurzeln, wandelte blühende Provinzen zu öden Wüsteneien, öffnete in der Folge der Verarmung Thür und Thor.

Als Philipp II. nach der Abdankung seines Vaters zur Regierung gelangte, galt noch das oft citirte Wort: Wenn Spanien sich rührt, zittert die Erde (Como se mueve España, la tierra tembla). Das Heer, wie Karl es sich in zahlreichen Schlachten herangebildet, fand in der ganzen Welt seinesgleichen nicht, der spanischen Seemacht gehörte unbestritten die Herrschaf auf allen Gewässern, denn, streng genommen, datirte der Aufschwung Englands als maritimer Staat erst von dem Tage der Vernichtung der unüberwindlichen Armada. Noch standen in Toledo, in Sevilla und in den anderen Städten des Südens Industrie und Handel in herrlichster Blüthe, die Huerta von Valencia glich einem sauber bestellten, in üppiger Fruchtbarkeit sich entfaltenden Garten. Vier Jahrzehnte und die Regierung eines von maßlosem Ehrgeiz beseelten Königs haben hingereicht, dieses reich gesegnete Land an den Rand des Abgrundes zu führen, und auf seine Kosten stiegen Frankreich, England und die Niederlande. Wenn die Vernichtung des Maurentums ein politischer Fehler von erschreckender Schwere gewesen ist für das innere Gedeihen der Halbinsel, so erwies sich der Erwerb von „Neu-Spanien" gleicher- weise als verhängnißvoll für das Mutterland. Man hat be- hauptet, daß die Kolonisation der neuen Welt Spanien mehr als 30 Millionen Menschen gekostet, kaum weniger mögen die vielen Kriege an Opfern gefordert haben; nachgewiesen ist, daß einzelne Provinzen des Reiches binnen unglaublich kurzer Zeit nahezu entvölkert wurden.

Unter dem Volke ging der Spruch: Drei Dinge giebt es, reich zu werden: das Meer, des Königs Dienst und die Kirche.

Die Einkünfte Philipps II. schätzte Campanella auf mehr denn 20 Millionen Dukaten; davon nun waren 80033 Civildiener zu besolden. Diese Ziffer wird angegeben in einer während der Mitte seiner Regierungszeit vorgenommenen Zählung. Erwägt man nun, daß die mit allen Nationen geführten Kriege ungeheure Summen verschlangen, der Kampf mit den Niederlanden allein 150 Millionen, so vermögen wir es zu begreifen, daß während Philipps Regierung die Staatsschuld von 35 auf 140 Millionen Dukaten gestiegen war, daß der König seinem verdienten Groß-admiral Andrea Doria 1595 den rückständigen Gehalt von 10000 Dukaten für sechsjährige Dienstzeit nicht zu zahlen im stande war, und daß, nachdem alles Erbenkliche verpfändet war, der Herr beider Welten in Städten und auf dem flachen Lande durch Mönche Almosen für sich betteln ließ (á pedir limosna de puerta en puerta. Gonz. Dávila, Vida del rey Felipe III., p. 35.)

So schwer es uns gemacht ist, dem Charakter des zweiten Philipp völlig gerecht zu werden, soll doch nicht verschwiegen bleiben, daß er mehr gewesen, als ein finsterer Frömmling. Er zeigte ein feines Verständniß für hervorragende Erscheinungen auf dem Gebiete der Kunst und Litteratur, auch er begünstigte einen Tizian, und wenn Lope de Vega am Schlosse von Madrid vorüberging, zeigte er es voll Stolz den fremden Gesandten. Wenn er seine Prachtliebe auch zumeist nur bei Aufführung kirchlicher Bauten zu entfalten liebte, die Errichtung des Klosters Escorial kostete weit über 5 Millionen Dukaten, so wollte er doch, daß seine Granden ein Haus machten und über ihre Kräfte hinaus repräsentirten, auch auf die Gefahr hin, sich zu ruiniren, was ihm, dem König, und seinem Günstling Alba eher gut als schlimm dünkte, da er Reichthum und Macht, in die Hände des Einzelnen gelegt, als ein Hinderniß zu seiner Autokratie betrachtete. Die Herzöge von Medina de Rioseco und von Osuna hatten jeder ein Einkommen von 130 000 Dukaten, die übrigen Granden nicht sehr viel weniger. Der Prachtliebe des hohen Adels geschah aller Vorschub, mancher hielt sich 400 bis 500 Lakaien; die Sitte erheischte es, daß Sänger und eine kostbare Kapelle zu seiner Verfügung standen, während die Gemahlin des Granden sich häufig, gleich der Fürstin, nur von knieenden Frauen bedienen ließ. Fast alle Stoffe zu Kleidungen bezog in der Folge der hohe Adel aus der Fremde; England und die Lombardei lieferten die Mäntel, Schuhwerk kam aus Deutschland, Leinwand aus Holland, Seidenzeug aus Florenz oder Mailand. Selbst arme Edelfrauen durften, wollten sie nicht gegen die Sitte verstoßen, nur im Wagen auf der Straße erscheinen.

Der Prachtliebe der Großen entsprach der Luxus der Handwerker. Die meisten derselben sah man mit seidenen Stoffen bekleidet, den Degen an der Seite. Der Handwerker schämte sich seines Gewerbes, weil er sich durch dasselbe in seiner politischen Stellung gedrückt fühlte. Auf der Industrie ruhte ein Makel, der sich auch darin kundgab, daß Adelige, welche sich mit ihr beschäftigten, des Wappens verlustig gingen. Kein Bürgerlicher, pechero, konnte in den Cortes sitzen, noch das Amt eines Alcalden, eines Corregidor bekleiden. Wegen dieser Zurücksetzung suchten sich die Pecheros auf alle Weise in den Stand des Adels einzudrängen, und seit dem Ende des 16. Jahrhunderts beschäftigten sich die Gerichte an jedem Sonnabend mit der Prüfung der von Handwerkern eingereichten Beweise, daß sie die Nachkommen von Hidalgos seien. Aus dem nämlichen Grunde fühlten sich die Pecheros veranlaßt, die Betriebsamkeit ihrer Väter aufzugeben und entweder in das Heer zu treten oder sich einem Mönchsorden beizugesellen.

Auch dem Handel, wenn schon nicht in dem Grade, wie der Beschäftigung mit dem Handwerke, widerstrebte der kastilische Stolz. Ohnehin lasteten auf ihm unerschwinglich hohe Steuern und Abgaben, denen nur der fremde Kaufmann sich schlau zu entziehen vermochte. Für den Granden, welcher die Wolle seiner Merinoheerden verkaufte, war es ein hartes Schimpfwort, wenn man ihn mercador nannte. Der Adel zog es vor, in den Kriegsdienst zu treten und als armer Fähnrich, alférez, mit Verachtung auf den Reichthum des Großhändlers herab- zublicken.

So entstand jener bettelarme, wappenstolze Adel, der in den Schelmenromanen so meisterhaft persiflirt wird, wennschon die viel belächelte Grandeza an sich einen hervorstechenden Zug des spanischen Nationalcharakters ausmacht. Im zweiten Theile seiner Lebensgeschichte verdingt Lazarillo sich einmal gleichzeitig als Kammerdiener an sieben Bürgersfrauen, die es den Abligen gleich thun wollen und doch nicht die Mittel besitzen, jede für sich einen Escudero zu halten, der mit dem Degen an der Seite sie zur Messe begleite. Jetzt weiß die Frau des Bäckers, des Schuhmachers, des Schneiders, des Maurers u. s. f., es so einzurichten, daß Lazarillo abwechselnd einer Jeden dienen kann.

Eine weitere Ursache der auffallenden Verarmung des Landes lag in dem zur Abnahme der Bevölkerung (unter Philipps II. Regierung betrug die Minderung nach ungefährer Schätzung 2 Millionen, ein volles Fünftel der Bewohnerschaft in einem schreienden Mißverhältniß stehenden rapiden Zunehmen der geistlichen Stiftungen. Das Verlangen, sich in die Geheimnisse der Religion zu versenken und andererseits die Bequemlichkeit des geistlichen Lebens lockten zum Priesterstand. Dem Beispiele Philipps II. folgend, wetteiferten die Granden in der Stiftung von Klöstern. Des öfteren ist auf das unwiderleglichste nach- gewiesen worden, daß unter den Habsburgern das Mißverhältniß der konsumirenden zur produzirenden Klasse sich immer schlimmer gestaltete, hat doch der allmächtige Günstling des dritten Philipp, der Herzog von Lerma, allein sieben Klöster mit einem Aufwand von mehr als 1 Million Dukaten gegründet, welchem Vorgehen jeder Großgrundbesitzer sich anschloß, so daß man ohne jegliche Uebertreibung behaupten kann, daß mindestens ein Fünftel des gesamten Grundbesitzes in den Händen der Geistlichen gewesen, und diese selbst nahezu ein Drittel der zurückgegangenen Bevölkerung ausmachte. Da Klerus und Adel abgabenfrei waren, lastete die Steuerpflicht einzig auf dem dritten Stande; was Wunder, wenn dieser solcher Bürde unterlag und der Nationalwohlstand für immer dahinschwand. In dem Maße aber, als die Klöster sich mehrten, nahm die Menge der Bettler und Vaganten zu, welche Städte und Landstraßen überschwemmten und zu einer gräßlichen Plage wurden. „Die Häuser verfallen", klagt der Rath von Kastilien, „und Keiner ist, der sie wieder aufbaut, die Einwohner der Städte flüchten, die Dörfer sind verlassen, die Felder unbestellt, und selbst die Kirchen stehen leer." (Dávila: Vida del rey Felippe III., p. 218.)

Wahrlich, Philipps Nachfolger konnte als absoluter König mit Recht zu seinen zahllosen Titeln auch den eines Vaters der absoluten Armuth hinzusetzen.

So war der Boden beschaffen, dem das género picaresco, der Schelmenroman, entsproßte; nur im damaligen Spanien, wo alle Bedingungen hierfür in reichem Maße vorhanden waren, konnte die dichterische Phantasie, anknüpfend an vorhandene Gestalten, an gegebene Verhältnisse, Gebilde schaffen, die eine unverwüstliche Lebenskraft durch Jahrhunderte hindurch behauptet.

Unter dem Titel: „Leben des Lazarillo von Tormes, seine Leiden und Freuden" erschien also, wie schon bemerkt, zu Antwerpen im Jahre 1553[1] ein Büchlein in kastilischer Sprache, welches alsbald neu aufgelegt und an anderen Orten nachgedruckt wurde, ein Zeichen des großen Beifalls, den es in der Leserwelt gefunden. In seiner Eigenart, ganz ohne Vorbild, wirkte es in der Litteratur geradezu bahnbrechend, indem es eine ganze Reihe

von Autoren zu Schöpfungen ähnlicher Art anregte. „Lazarillo
de Tormes" ist als anonymes Werk erschienen, und noch bis
heute hat sich der wahre Verfasser nicht mit Sicherheit bestimmen
lassen, wennschon in den Litteraturgeschichten fast ausnahmslos
der Staatsmann Don Diego Hurtado de Mendoza genannt wird,
der als Student in Salamanka diese Geschichte soll niedergeschrieben haben. Sicher ist nur das eine, daß man das
Manuskript, besser vielleicht das Konzept zum Lazarillo unter
dem Jahr 1532 in der Zelle des zum Ordensgeneral beförderten
Hieronymitermönches Fray Juan de Ortega gefunden, der denn
auch deshalb von mehreren Seiten her zum Verfasser des ersten
Schelmenromanes gemacht worden ist, und in der That sprechen
viele Umstände dafür, den Urheber des Lazarillo in geistlichen
Kreisen zu suchen, denn unmöglich konnte ein blutjunger Student,
der glänzende Sprößling des erlauchtesten Geschlechts von
Spanien, jene eingehende Kenntniß von den Lebenszuständen
unter den armen und ärmsten Klassen haben, wie sie uns auf
eder Seite des kleinen Romans entgegentritt. Weit eher hatte
ein Geistlicher Gelegenheit, bei Ausübung seines Berufes in
Fühlung zu treten mit den Enterbten und Ausgestoßenen, mit
den fahrenden Helden der Landstraße, die er oft in ihren dumpfigen
Herbergen, in ihren geheimen Schlupfwinkeln aufsuchen mußte.
Es darf uns nicht irre machen in unserer Ansicht von der
Herkunft des Lazarillo aus geistlichen Kreisen, wenn es heißt,
daß es nicht Zufall war, der einen Vertreter der hohen Aristokratie
des Landes angetrieben, dem verachteten Stande der Bettler
und Vaganten einen Platz in der Litteratur zu erobern, seiner
Zeit ein getreues Spiegelbild vorzuhalten, ungeschminkt wahr in
allen Zügen und doch in geistreich-anmuthiger Form. Aber wir
können mit bestem Willen den Lazarillo nie als das Werk eines
dichterischen Genius erkennen, der noch sozusagen an der Schwelle des
Lebens steht, denn auf so mancher Seite des Buches bricht durch

die heiter-frische Darstellung des jungen Landstreichers denn doch deutlich genug die ernste Lebensanschauung eines gereiften Mannes, der durch manche Enttäuschung gegangen. Zwar wissen wir zur Genüge, daß Don Hurtado de Mendoza, der kühne und beredte Legat Karls V. auf dem Konzil zu Trient, auch als Schriftsteller viel gegolten, daß er mit erstaunlichem Fleiße, mit reichen Mitteln kostbare alte Handschriften in Italien gesammelt, diese samt arabischen Manuskripten der Bibliothek im Escorial einverleibt, daß er Balladen und Romanzen, auch lockere Liebeslieder gedichtet, daß seine Geschichte des Maurenkrieges ihm den Beinamen eines spanischen Salluft eingebracht, aber daß er als ganz junger Mann den Lazarillo verfaßt, können wir nimmermehr glauben. Auffällig zum mindesten muß uns immer der Umstand erscheinen, daß Mendoza in seinen späteren Jahren den Geschicken dieses Aufsehen machenden Büchleins nie die geringste Beachtung schenkte, denn gerade er hätte ja gar keinen Grund gehabt, eine solche Jugendsünde zu verleugnen. Anders freilich gestaltet sich die Sachlage, wenn wir Fray Juan de Ortega, den Günstling Karl V. in dessen letzten Lebensjahren, als Autor annehmen, welchen Pater José von Siguenza im dritten Bande seiner Geschichte des Hieronymiterordens vom Jahre 1605 schildert als einen Mann von sehr offenem Kopfe, lebhaftem und anmuthigem Geiste, liebenswürdig und sanft, ganz und gar nicht verschlossen, Freund der schönen Litteratur, dabei aber von unruhigem, neuerungssüchtigem Wesen.

Wollen wir also die Frage nach dem Verfasser des Lazarillo als eine offene und ungelöste stehen lassen, so müssen wir, in unserer Betrachtung weiter fahrend, erwähnen, daß das Werkchen bald mehrere Fortsetzungen und Nachahmungen veranlaßte. Weil das siebente oder achte Kapitel, tratado (hier und auch anderenorts zeigen die einzelnen Ausgaben ziemliche Verschiedenheiten) mit den Worten schließt: Dies geschah in dem Jahre, als unser siegreicher Kaiser in unsere Stadt (Toledo) einzog (1538) und hier seinen Hof hielt 2c.", hat man lange geglaubt, die Abfassung des Werkes in dieses Jahr verlegen zu müssen, doch fehlen auch hierfür positive Beweise. Eine Fortsetzung des Romans unter dem einfachen Titel: „Zweiter Theil des Lazarillo de Tormes" in Antwerpen zum ersten Male gedruckt, greift den Faden der Erzählung da auf, wo der Original-Autor ihn fallen gelassen, spielt aber die Handlung baldigst auf das Gebiet des Grotest= Abenteuerlichen hinüber. Lazaro nimmt theil an der Expedition Karls V. gegen Algier; im Sturme geht das Schiff, auf dem er sich befindet, im Meere unter; er kriecht in eine unterseeische Höhle und wird in einen Thunfisch verwandelt, hat dann Gelegenheit, das Leben dieser Meeresbewohner von seiner glück= lichen Seite kennen zu lernen, bis es ihm gelingt, wiederum mensch= liche Formen anzunehmen, worauf er in Salamanka die Geschichte seines Lebens niederschreibt.

Eine höchst langweilige Nachahmung des Originals existirt unter dem Namen des „Lazarillo von Manzanares"; in diesem nunmehr mit Recht gänzlich vergessenen Werke wird von einem gewissen Juan Cortés de Tolosa der Zustand der Madrider Gesellschaft satirisch beleuchtet. Das Buch erschien 1620.

Besser, was Stil und Inhalt anbelangt, ist die Arbeit eines Juan de Luna, Interpreten der spanischen Sprache in Paris, der seinen zweiten Theil des Lazarillo angeblich alten toledanischen Chroniken entnommen. Lazaro selbst dient wiederum mehreren Herren hintereinander, zuletzt einer Dame von hohem Range, aber bitterlich arm, dann zieht er sich von der Welt zurück und wird Eremit, um seine Lebensschicksale niederzuschreiben. (Auf dem Titelblatte einer von der Firma Didot veranstalteten Ausgabe findet sich sogar der wenig geschmackvolle Vermerk, Lazarillo sei als Einsiedler am 12. September 1540, 39 Jahre,

5 Monate, 11 Tage alt zu seinen Vätern versammelt worden!) Juan de Luna veranstaltete auch eine Ausgabe des Original-Romans, in welcher die von der Inquisition verbotenen und gestrichenen Parthien wieder aufgenommen sind; ein Exemplar besitzt die Wiener Hofbibliothek, das neunte Kapitel bringt den Bericht Lazaros über seinen Verkehr mit den Deutschen, dessen in anderen Ausgaben nur sehr leichthin gedacht ist. Noch immer ist Lazarillo de Tormes ein sehr volksthümliches Buch und als solches im spanischen „Reclam", der Biblioteca universal, Madrid, aufgenommen worden. Keine der Fortsetzungen oder Nachahmungen des „Lazaro de Tormes" hat auch nur entfernt das Vorbild erreicht, geschweige denn übertroffen.

Dagegen ist eine sehr bedeutende litterarische Leistung der zweite selbständige Roman der Spanier auf diesem Gebiete: „Leben und Abenteuer des Schelmen Guzman de Alfarache" mit dem anderen Titel: „Leuchtwarte des menschlichen Lebens", Atalaya de la vida humana geheißen. Als Verfasser dieses in seinem ersten Theile 1591 erschienenen Buches wird uns Mateo Aleman genannt; doch wissen wir nur sehr wenig von dem Leben dieses zweifellos hochbegabten Mannes. In Sevilla geboren, bekleidete er längere Zeit ein Amt bei der königlichen Schatzkammer, welche Stelle er freiwillig niederlegte, um, nachdem er größere Reisen unternommen, unter dem Jahre 1608 Mexiko besucht, ganz seinen litterarischen Arbeiten zu leben. Möglich, daß er auch im Heere gedient, wie man schließen will aus einem dem zweiten Theil des Romans vorgesetzten Elogio.

Auch „Guzman de Alfarache" ist die Autobiographie eines Picaro, Schelmen, der in Sevilla als Sohn eines aus Genua stammenden Kaufmannes zur Welt gekommen. Nachdem der Vater bankerott gemacht und gestorben, entläuft der Knabe seiner Mutter, gesellt sich einem Maulthiertreiber zu und gelangt unter vielen Abenteuern nach Madrid, wo es ihm aber ziemlich

schlecht ergeht. Er durchzieht bettelnd die Straßen der großen
Stadt und tritt dann bei einem Koch in Dienst, den er verläßt,
um wiederum Bettler zu werden, bis ein bei einem Apotheker
verübter Diebstahl ihm die Mittel giebt, nach Toledo zu ent=
weichen. Dort besteht er als wohlausgestatteter Jüngling
verschiedene Liebesabenteuer, betrügt dann in Barcelona einen
Goldschmied und besteigt eine Galeere, um in Genua die
Angehörigen seines Vaters aufzusuchen. Er findet sehr kühle
Aufnahme und geht bald weiter nach Rom, dem Paradies der
Bettler. Binnen kurzem erlangt er die Gunst eines mächtigen
Kardinals, der ihn als Page in seinen Dienst nimmt, aber im
Grunde nur Undank erntet. Guzmann, der allerlei schlimme
Streiche ausführt, muß, da er im Spiel viel Unglück hat, den
Palast des Kardinals verlassen, doch findet er bald in der
Person des französischen Gesandten einen neuen Herrn.

Hier endigt der erste Theil des trotz seiner vielen Längen
höchst anziehend geschriebenen Romans. Er fand gleich bei
seinem Erscheinen den ungetheilten Beifall aller Kreise. Innerhalb
einiger Jahre wurden in 26 Ausgaben 50 000 Exemplare ab=
gesetzt, außerdem erfuhr das Werk mehrfache Uebertragungen
ins Französische, Italienische, Englische, Holländische und Deutsche,
sogar ins Lateinische durch die Bemühungen des deutschen Ge=
lehrten Kaspar Ens. Die weitaus verbreitetste unter allen
war die von Le Sage (1668 bis 1747) besorgte, mehr eine
Bearbeitung des Originaltextes darbietend als eine eigentliche
Uebersetzung. Als Grundlage diente ihm eine ältere Version,
von Bremont herrührend, der, in einem holländischen Gefängnisse
eine längere Haft abbüßend, sich mit dem Spanier beschäftigt
hatte. In vielen Punkten freilich ist Le Sages Uebersetzung
des „Guzman de Alfarache von überflüssigen Moralitäten
gereinigt" genauer als Bremonts Werk. Eine deutsche Ueber=
setzung aus dem Jahre 1615 von Aug. Albertinus besorgt und

in München gedruckt: „Der Landstörtzer Guzman von Alfarache
oder Picaro genannt, deſſen wunderbarliches, abentheuerlichs vnd
poſſirlichs Leben, was geſtaltt ꝛc. ꝛc." iſt troß des umſtänd=
lichen Titels nichts als ein verſtümmelter Auszug, der nur
manchenorts an das Original ſich anſchließt. Die Ausgabe iſt
ziemlich ſelten geworden, ein Exemplar hat ſich in der Münchener
K. Hof= und Staats=Bibliothek erhalten. Eine zweite Auflage,
1617 zu Frankfurt a. M. erſchienen, bringt im zweiten Theile
die Geſchichte von Guzmans Weib, der Landſtörßerin Juſtina,
die Bearbeitung einer unechten Fortſeßung des Alemanſchen
Romans. — „Vida y hechos del picaro G. de Alf." ſelbſt
hat in dem dritten Band der Biblioteca de autores españoles,
Madrid, 1846, Aufnahme gefunden.

Der überraſchende Erfolg, den Aleman mit dem erſten Theil
ſeines Romans gehabt, veranlaßte einen Unbekannten, im Jahre
1603 eine Fortſeßung unter dem Titel: „Zweiter Theil des
Lebens des Picaro Guzman de Alfarache" herauszugeben. Das
Werk (gleichfalls der Biblioteca de aut. esp. einverleibt) ward
einem Mitgliede des hohen Adels gewidmet, der Verfaſſer nannte
ſich Mateo Lujan de Sayavedra, aus Sevilla gebürtig. Dieſer
Name war gefälſcht, der wirkliche Verfaſſer hieß aller Wahr=
ſcheinlichkeit nach Juan Marti und war Advokat zu Valencia.
Aleman, welcher ſelbſt ſchon die Fortſeßung zu ſeinem Werke
vollſtändig ausgearbeitet hatte und unvorſichtigerweiſe vielfache
Mittheilungen aus dem Manuſkripte gemacht, ſah ſich zu einer
Umformung der Arbeit genöthigt, weil jener „Sayavedra" ihm
die beſten Gedanken zum Voraus weggenommen hatte, was
Alemans Freund, der Fähnrich Luis de Veldes, mit Entſchieden=
heit behauptet. Die „unechte" Fortſeßung des Guzman, im
ganzen nicht ohne litterariſchen Werth, gehörte lange zu den
höchſt ſelten gewordenen Büchern.

Der echte zweite Theil erſchien 1605. Er beginnt mit

einer Schilderung des Lebens, welches Guzman im Hause des französischen Gesandten in Rom führt, wo er sich zu den niedrigsten Dienstleistungen muß verwenden lassen. Endlich vertreiben seine eigenen Thorheiten und Verbrechen ihn aus einer Stellung, die dennoch seinen Neigungen vollständig zu entsprechen schien. Er kommt nach Siena, wo er mit Sayavedra zusammentrifft, der uns späterhin als das Muster eines vollendeten Schurken vorgeführt wird. Im achten Kapitel des ersten Buches sagt Guzman, und in diesem Falle ist es Aleman ganz genau selber, der spricht: „Er theilte mir mit, daß er Andalusier, in Sevilla, meiner Vaterstadt, geboren sei und Sayavedra heiße; aus seinen Papieren ging hervor, daß er einer unserer ältesten und ausgezeichnetsten Familien angehöre. Wer würde nun unter solch einer schönen Außenseite Betrug argwöhnen? Und doch war alles Lüge, denn er war aus Valencia. Ich will aus guten Gründen seinen wahren Namen nicht nennen; aber bei seinem fließenden Kastilianisch, seinem guten Aussehen und seinen angenehmen Formen, war es mir unmöglich, zu erkennen, daß er ein Spitzbube, ein Beutelschneider, ein Betrüger war, daß er, mit Pfauenfedern geschmückt, nur in mein Haus gekommen, zu stehlen, was er erreichen konnte."

Bekanntlich behandelte ein Jahrzehnt später Cervantes in ganz ähnlicher Weise seinen unberufenen Nachahmer Avellaneda, als dieser sich hatte beifallen lassen, vor Erscheinen des echten zweiten Theiles eine fingirte Fortsetzung vom „Leben des sinnreichen Ritters Don Quichote" herauszugeben.

Die Person des Sayavedra nimmt, wie Ticknor in seiner klassischen Geschichte der spanischen Litteratur mit Recht betont, in dem zweiten Theile von Guzmans Leben einen zu breiten Raum ein, weil es dem Verfasser sichtlich schwer wird, seinem litterarischen Nachtreter auch nur das Geringste zu schenken. Freilich weiß der Leser nicht, wer im Grunde der größere

Spitzbube ist, ob Sayavedra, ob Guzman, dem er diente und den er auf seiner Gaunerfahrt durch Italien begleitet, bis die Beiden sich in Spanien trennen. Dann wird Guzman in Madrid Kaufmann, macht bankerott, heirathet und beschließt nach dem frühen Tode seiner Frau, in Alcalá das Studium der Theologie zu beginnen, in der Hoffnung, eine geistliche Pfründe zu erlangen. Er giebt diesen Plan aber auf, weil er sein Glück in einer zweiten Heirath sucht. Doch verläßt ihn seine Frau, schnöder- weise mit ihrem Liebhaber, einem Galeerenkapitän, nach Italien entfliehend; Guzman bleibt mittellos zurück, und da er mit seiner gänzlich verkommenen Mutter nicht zusammenleben mag, tritt er durch Vermittelung eines Dominikaners als Intendant in Dienst bei einer alten reichen Dame, die er bestiehlt, welches Verbrechen ihn auf die Galeere bringt. Dort soll er, von den Mitgefangenen hierzu angestiftet, das Schiff in die Hände der Korsaren spielen; statt dies zu thun, verräth er das Komplott und erlangt dafür seine Freiheit wieder.

Damit schließt der zweite Theil; der versprochene dritte ist nie erschienen. Das ganze Werk, in neun Bücher geschieden, deren jedes 8 bis 10 lange Kapitel umfaßt, führt uns in epischer Breite das Leben eines verschmitzten und gewissenlosen Gesellen vor, der in jeder Lage des Lebens sich zu helfen weiß, jederzeit und allenthalben seinen eigenen Vortheil aufs beste wahrend. Insoferne der Verfasser seinen Helden in die verschiedensten Kreise der damaligen Gesellschaft einführt und ihn in solch stets wechselnder Umgebung heimisch werden läßt, möchte der zweite Titel: „Leuchtthurm des menschlichen Lebens", welchen Aleman seinem Buche gegeben, füglich ganz wohl passen: der Leser kann wie von einer hohen Warte aus die Bilder und Gestaltungen des menschlichen Lebens an sich vorüberziehen lassen. Die ein- gehenden Schilderungen italienischer Städte, die wir im „Guzman de Alfarache" antreffen, lassen den Gedanken an einen längeren

Aufenthalt Alemans in jenem Lande aufkommen, doch fehlen hierfür die bestimmteren Nachweise. Sicher ist aber, daß der Autor über umfassende Kenntnisse, reiche Beobachtungsgabe und fertigen Witz verfügt; die Situationen sind frei erfunden, keck und sicher entworfen, fleißig und sauber ausgeführt mit jener peinlichen Treue, welche die Darstellungen der Spanier auf den verschiedenen Gebieten der Kunst zu damaliger Zeit charakterisirt. Die nächtliche Begegnung Guzmans im Hause des Koches (2. Buch, 6. Kap.) mit dessen Frau, als beide, durch dasselbe Geräusch erwacht, der Ursache nachforschend, auf dem Gange ganz unvermuthet zusammenstoßen, ist mit drastischem Humor geschildert, und kann solche Realistik sicherlich sogar ein Zola nicht mehr überbieten. Die Art und Weise, wie Guzman in Verbindung mit den beiden Wundärzten infolge eines fingirten Geschwüres am linken Bein sich die Aufnahme in den Palast des römischen Kardinals sichert (3. Buch, 6. Kap.) sei nur als ein bezeichnendes Beispiel citirt für den Schelmencharakter des Helden, der sich rühmt, einer Zunft anzugehören, welche in aller Form Rechtens Statuten, Ordenanzas mendicativas, für alle Mitglieder geltend, entworfen hat, deren 20 Paragraphen uns einzeln bekannt gegeben werden. Besser, als es in manchem Geschichtswerke geschieht, werden in diesem Romane die trost- losen Zustände Spaniens und der Nebenländer geschildert, und solche Momentaufnahmen der damaligen Gesellschaft, wenn wir so sagen dürfen, verleihen dem Buche neben dem rein litterarischen auch einen hohen kulturhistorischen Werth. Aber schon die Zeitgenossen haben in dem Roman ihr Spiegelbild erblickt, und so läßt sich der immense Beifall erklären, den „Guzman de Alfarache" von seinem ersten Erscheinen an gefunden. „Den Teufel spürt das Völkchen nie, und wenn er sie beim Kragen hätte", heißt es im Faust.

Ein Zugeständniß freilich mußte Aleman seinem Publikum

machen, wollte er sich den Erfolg des Werkes nicht selber schmälern und der Verbreitung des Buches unter den Augen einer sorgsam wachenden Geistlichkeit schaden; sein Held ergeht sich bei jedem Anlaß in weitschweifigen moralischen Betrachtungen, die oft mit der Handlung selbst nur in einem sehr losen Zusammenhange stehen, wenn ein solcher überhaupt nachweisbar ist. Zudem nehmen derartige Reden rein sittlicher Tendenz sich recht sonderbar aus im Munde eines vollendeten Gauners, dessen Leben die direkte Verneinung einer jeglichen Tugendlehre ist. Bis zu einem gewissen Grade freilich finden wir den Kontrast, wie er zwischen Theorie und Praxis zum Ausdruck kommt, höchst ergötzlich und freuen uns über die Naivetät, mit welcher der Schelm ohne jegliche Spur von Scham oder Reue seine schlechten Thaten erzählt, dann aber erfaßt uns oft lebhafte Ungeduld, wenn dem Vortragenden über solchen Abschweifungen der Faden der Erzählung zu entgleiten droht.

Ein gewisser didaktischer Zug ist den Werken spanischen Schriftthums auf so manchem Gebiete eigen und tritt besonders in der Novelle mit vollem Bewußtsein zu Tage. Wir wollen als Zeugen hierfür einen der glänzendsten Namen citiren. In der Vorrede zu seinen „Novelas ejemplares" sagt Cervantes mit bezeichnendem Selbstgefühl: „Ich bin der Erste, der spanische Novellen schrieb, denn die vielen Dichtungen dieser Art, welche in spanischer Sprache verbreitet wurden, sind fremden Nationen abgeborgt, aber diese gehören mir, sie sind nicht nachgemacht, nicht gestohlen; mein Geist hat sie erzeugt, meine Feder hat sie ans Tageslicht gebracht." — Und weiter: „Man ist nicht immer in der Kirche, die Kapellen sind nicht immer gefüllt, und nicht immer betreibt man die Geschäfte, sie mögen nun so wichtig sein, wie sie wollen, sondern es giebt Stunden der Erholung, wo der ermüdete Geist ruht, und darum pflanzt man Lusthaine, sucht Quellen, ebnet Hügel und baut mit Sorgfalt schöne Gärten." Wenn der Dichter an dieser Stelle den Zusatz „und darum schreibe ich Novellen" unterdrückt, so läßt er um so deutlicher seinen „nervösen" (vidriero) Licentiaten Tomaho Rodaja sprechen: „Darum sind dem Staate die Schauspieldichter so nöthig, wie Wälder, schöne Aussichten und alle Dinge, die ein anständiges Vergnügen gewähren." Und wiederum an anderem Orte schreibt Cervantes: „Könnte ich Dir nicht in allen meinen Erzählungen die saftige und köstliche Frucht zeigen, die daraus sprießt, würde ich mir die Hand abschlagen, mit der ich sie geschrieben."

Da waren denn die moralischen Betrachtungen, wie sie im „Guzman" so oft und vielfach den Gang der Erzählung hemmen, im Geschmack der Zeit begründet. Mit sicherem Takte hat Le Sage ein Jahrhundert später seine Uebertragung des „Guzman" an vielen Stellen gekürzt, und für moderne Leser wenigstens hat dies Werk an Werth dadurch nur gewonnen.

Eine andere Beifügung, die wir uns jedoch gerne gefallen lassen, sind die da und dort meist recht willkürlich eingefügten Novellen, deren jede aber für sich ein abgeschlossenes Ganzes darstellt. Auch das ist eine bei den Spaniern sehr beliebte Art der Unterbrechung des Vortrags und kommt bekanntermaßen in jedem größeren Romane einige Male vor.

Ungetheiltes Lob verdient Aleman, der, nebenbei bemerkt, noch andere Werke von geringerem Werthe, darunter ein Schriftchen über die kastilische Orthographie, verfaßte, wegen der sicheren Handhabung und Beherrschung der Sprache, die ihn zu einem Meister des Stiles gemacht, daher nach dem Urtheile berufener Kenner sein Roman, rein von linguistischem Standpunkte aus beurtheilt, einen würdigen Gegenstand eingehenden Studiums darstellen dürfte.[2]

Angeregt durch den Erfolg, welchen Aleman mit „Guzman de Alfarache", gehabt, glaubte ein Geistlicher, der Dominikaner-

mönch Andreas Perez von Leon, sich berufen, ebenfalls auf
diesem Gebiete seine schöpferische Kraft bethätigen zu können.
Im Jahre 1605 war die Novelle „Die Picara Justina"
erschienen. Der Verfasser nannte sich pseudonymisch Licentiat
Francisco Lopez de Ubeda aus Toledo. Der Roman, von
welchem mehrere Ausgaben existiren, findet sich im 33. Band
der Bibl. de aut. esp. aufgenommen und besitzt, was schon die
allerflüchtigste Lektüre ergiebt, wenig oder gar keinen künstlerischen
Werth. Nach Ticknor, den wir als Autorität wollen gelten
lassen, ist die „Picara Justina" nichts als eine Nachahmung,
und noch dazu eine sehr armselige, des „Guzman de Alfarache"
in vier Büchern; Inhalt und Fassung sind in gleichem Grade
unbedeutend. Die Escribana erzählt uns mit ermüdender Weit-
schweifigkeit die Geschichte ihrer Vorfahren, welche, samt und
sonders den untersten Klassen angehörend, die Taschenspielerkunst
(maese coral) im verwegensten Sinne des Wortes betrieben.
Justinas eigene Geschichte bietet nichts, was unser Interesse
wecken könnte; sie verheirathet sich einige Male und wird schließlich
das Weib Guzmans von Alfarache, worauf sie in wortreichen
Sentenzen von dem Leser Abschied nimmt. Jedes Kapitel
wird mit ein paar Strophen, Reimspielereien aller Art ein-
geleitet, jedes schließt mit einer moralischen Lehre, apro-
vechamiento; die Sprache dieses langweiligen Buches ist nichts
weniger als rein und edel zu nennen, der Witz ist matt und
gesucht, die Bilder verschroben, die Anspielungen oft mehr als
einfältig.

Eine ganz andere Leistung dagegen ist Vicente Espinels:
„Marcos de Obregon", und dieser Roman darf unbedingt neben
Lazarillo und Guzman als das Beste bezeichnet werden, was
die Spanier auf dem Gebiete des género picaresco hervor-
gebracht. Wir wissen nur wenig von dem Leben dieses Schrift-
stellers, doch ist mit guter Begründung anzunehmen, daß sein

Hauptwerk: „Relaciones de la Vida del Escudero Marcos de Obregon" viel autobiographische Einzelheiten enthält.

Espinel, aller Wahrscheinlichkeit nach im Jahre 1551 zu Ronda in Granada geboren, vollendete seine Studien in Salamanka, fand später eine Anstellung als Kaplan, lebte lange Zeit in Madrid, woselbst er auch 1634 gestorben sein soll. Wennschon weder sein Geburts-, noch sein Todesjahr genau festzustellen ist, bleibt doch das eine gewiß, daß er ein sehr hohes Alter erreicht hat. Lope de Vega, der ihm befreundet war, apostrophirt ihn gar in dem Gedichte: Laurel de Apollo, 1630 erschienen, als einen Neunzigjährigen, was, da solche Annahme alle Chronologie umstürzen würde, sicherlich nur als schwungvolle Hyperbel aufzufassen ist. Mehrseitig wird uns berichtet, daß Espinel den letzten Theil seines bewegten Lebens — er soll auch als Soldat in Flandern gedient und weite Reisen unternommen haben — in Dürftigkeit und in unfreund- lichen Beziehungen zu Cervantes verbracht. Außerdem wissen wir, daß er Gedichte in lateinischer und kastilischer Sprache verfaßt, gilt er doch als der Verbesserer der Decima-Strophe, nach ihm „Espinela" genannt. Lope de Vega erwähnt in dem Stücke: „Doreta", daß Espinel, ein Virtuos auf der Guitarre, derselben als der Erste die fünfte Saite angefügt und somit wesentlich zur Vervollkommnung dieses nationalen Instrumentes beigetragen hat.

Der Escudero „Marcos de Obregon" erschien im Jahre 1618 zu Barcelona und ist von dieser ersten Ausgabe, dem Erzbischofe von Toledo zugeeignet, ein Exemplar in der Münchener K. Hof- und Staatsbibliothek vorhanden. Seitdem häufig wieder abgedruckt und in andere Sprachen übersetzt, hat der Roman noch heute sich großer Beliebtheit zu erfreuen und ist in billigen ganz modernen Ausgaben leicht zugänglich.

Er ist als ein Erzeugniß der reiferen Lebensjahre seines

Urhebers zu betrachten, der seinen Helden uns als „gesetzten" Mann vorführt, welcher erst im späteren Verlaufe der Erzählung seine ersten Jugenderinnerungen zum Besten giebt. Für das Wort escudero existirt so wenig wie für picaro eine völlig entsprechende Verdeutschung; weit besser als die Uebertragungen „Knappe" oder gar „Stallmeister" kommt das französische écuyer, das englische squire dem ursprünglichen Begriffe nahe, doch hat es auch die Nebenbedeutung von Kammerdiener. In zahllosen Komödien der Spanier ist der Escudero daher nur der ständige Begleiter vornehmer Damen, gehört also in gewissem Sinne zur höheren Dienerschaft.

Der Roman „Marcos de Obregon" erreicht bei weitem nicht den Umfang des Alemanschen Werkes: „Guzman de Alfarache". Die Handlung hat an Fülle, der Vortrag an Lebendigkeit gewonnen, des Autors moralische Betrachtungen sind auf ein bescheidenes Maß zurückgeführt, aber in sprachlicher Hinsicht hat „Marcos de Obregon" seinen Vorbildern nachzustehen.

Mit allem Rechte wird behauptet, daß Espinels Schreibart, bei relativer Leichtigkeit der Darstellung, doch häufig gesucht, dunkel und nicht ohne pedantische Wendungen ist, Eigenschaften, die bereits die nahende Herrschaft des estilo culto ankündigen.

Uebergehend auf den Inhalt dieses Buches, das sich zusammensetzt aus drei Theilen, Relaciones geheißen, davon jede wiederum eine erfleckliche Anzahl von Kapiteln, hier Descansos, Ruhepunkte genannt, umfaßt, sei bemerkt, daß des Escuderos Erzählung seiner Lebensschicksale manche Aehnlichkeit zeigt mit der Autobiographie des Picaro Guzman de Alfarache. Nur ist die Vortragsweise Alemans eine wesentlich andere als die Espinels, denn nicht in streng zusammenhängender Form, sondern bruchstückweise erfahren wir, was dem Helden des Letzteren alles begegnet ist auf seinen weiten Fahrten durch die

Welt bei den verschiedenen Herren, denen er gedient. Künstlerisch
betrachtet, mag ein solches Abweichen von den traditionellen
Vortragsnormen ja einen Fortschritt bedeuten, nur müssen dabei
vor allem die elementarsten Gesetze der Chronologie beobachtet
werden, und darf der Leser nicht in Gefahr gerathen, die erzählenden
Personen miteinander zu verwechseln, was leicht geschehen kann,
wenn solche Nachträge und Rückerinnerungen einen allzu breiten
Raum für sich beanspruchen und die Grenzen zwischen Ver-
gangenem und Gegenwärtigem nicht immer klar erkennbar sind.
An manchen Stellen des Buches finden wir uns geradezu
führerlos und wissen nimmer, ob Espinel selbst oder irgend
ein bis dahin uns gänzlich Unbekannter zu uns spricht. An-
gesichts solcher Fehler, von deren Vorhandensein sich jeder
Leser ja leicht überzeugen kann, bleiben wir nicht ungerührt, wenn
der Verfasser im Epilog von sich selber ausspricht: „Ich beschrieb
mein Leben in einer einfachen, verständlichen Sprache, damit der
Leser es ohne Mühe verstehen kann. Findet sich etwas Un-
gereimtes (algunas inadvertencias) in diesem Buche, so bitte
ich), es meinem geringen Verstande und nicht dem Mangel an
gutem Willen zuzuschreiben."

Wenn daher, als ein Ganzes betrachtet, die Geschichte des
Marcos de Obregon uns nicht völlig zu befriedigen vermag,
so verdient das Werk in seinen einzelnen Theilen sicher noch
heutzutage das anerkennende Lob, welches Espinels Zeitgenossen
ihm gespendet. Die verschiedenartigsten Abenteuer, welche Marcos
erst als Student, dann als Soldat und Gefangener in Tunis
besteht, sind mit herzgewinnender Frische und Lebendigkeit
erzählt, die Beschreibungen italienischer Städte und Landschaften
geben uns anschauliche Bilder damaliger Zustände; die Vorliebe,
mit welcher das Leben zur See geschildert wird, beweist, wie
die Spanier auch zu jener Zeit noch sich auf dem Meere
heimisch gefühlt.

Obschon „Marcos de Obregon" in gewissem Sinne einen Fortschritt in der Kunst des Vortrages bei den Spaniern bezeichnet, hat der Roman doch bei weitem nicht die Verbreitung gefunden, wie seine Vorläufer. Ja, man darf behaupten, daß er erst durch einen Nicht-Spanier zum Gegenstande allgemeiner Beachtung geworden ist. Espinel hatte seinen Roman 1618 herausgegeben, hundert Jahre später erschien zu Paris der erste Theil des „Gil Blas de Santillana" von Le Sage und erregte ungeheures Aufsehen in der Leserwelt aller Kreise. Voltaire war der Erste, welcher 1752 die leichtfertige Beschuldigung aussprach, daß „Gil Blas" gänzlich dem spanischen Romane: „La Vidad de lo Escudiero Dom Marcos d'Obrego" (sic!) entnommen sei. Diese Behauptung wurde geglaubt und nachgesprochen, späterhin dann von einigen spanischen Litteratoren aufgegriffen, dazu benutzt, einen Streit ins Leben zu rufen, der, lange Zeit mit ziemlicher Erbitterung geführt, schließlich doch zu dem Resultate führte, daß Le Sages „Gil Blas" nicht eigentlich als Plagiat zu betrachten ist. Wir werden weiter unten Gelegenheit haben, auf diesen Fall zurückzukommen, der interessante Beiträge zur vergleichenden Litteraturgeschichte darbietet.

Wie Alemans „Guzman de Alfarache" Anlaß gegeben zur Schaffung der „Picara Justina", so entstand nach dem Vorbild des „Marcos de Obregon" der Schelmenroman: „Der geschwätzige Bruder, Leben und Abenteuer Alonsos, des Dieners vieler Herren" (El donador hablador, vida y aventuras de Alonso, mozo de muchos amos. Als Verfasser des Werkes nannte sich der Doktor Jerónimo de Alcalá Yañez y Rivera. Der erste Theil erschien 1624 zu Madrid, der zweite Theil einige Jahre später. In der Folge wurde das Buch zu verschiedenen Malen neu aufgelegt; die letzte Ausgabe erschien 1804 zu Madrid. Aufgenommen wurde der Roman in die Bibl. de autores esp. Tomo 18.

In Dialogform, erst ist ein Vicario, dann ein Cura sein Interlocutor, erzählt Alonso, was er erlebt, als er nacheinander einem Offizier, einem Sakristan, einem gentil hombre, einem Rechtsgelehrten, einem Arzte, einer vornehmen Dame und dann noch vielen anderen Herrschaften gedient. Das Ganze ist eine Satire auf die verschiedenen Gesellschaftsklassen, die der Verfasser jedenfalls genau studirt hat. Der zweite Theil schildert mit deutlichen Anklängen zwar an „Marcos de Obregon", aber doch mit stark realistischer Wahrheit Alonsos Abenteuer unter den Zigeunern und seinen Aufenthalt als Gefangener in Algier.

Der Engländer Gg. Borrow (1803—1881), dem wir neben einem Wörterbuch der Zigeunersprache (Romano Lavo Lil 1874) das gründliche, völlig auf Autopsie fußende Werk: „The Zincali, an account of the gypsies of Spain" verdanken, äußert sich sehr anerkennend über den kulturhistorischen Werth des Schelmenromans: „Der geschwätzige Bruder, Diener vieler Herren", welchen er weit über „Gil Blas" stellt.

Eine andere Leistung auf dem Gebiete der novela picaresca ist Quevedos Roman: „Paul der Erzschelm"; mit seinem vollständigen Titel: „Historia de la vida del Buscon, llamado don Pablos, ejemplo de vagamundos y espejo de tacaños", erschienen im Jahre 1626. Seitdem unzählige Male aufgelegt und in fremde Sprachen übertragen, gilt es noch heute als ein beliebtes Buch, das in billigen Ausgaben Jedem zugänglich gemacht ist.

Francisco Gomez de Quevedo y Villegas war ein äußerst fruchtbarer Schriftsteller, dessen Werke drei stattliche Bände des großen Nationalwerkes der Bibl. de aut. esp. füllen. Als Sproß einer vornehmen Familie im nordwestlichen Spanien geboren, verlebte er seine erste Jugend am Madrider Hofe, studirte in Alcalá nacheinander die verschiedensten Disciplinen und erwarb sich umfassende Kenntnisse. Nachdem er einen Nebenbuhler im Duell getödtet, floh er nach Neapel, wo ihn der Vicekönig, Herzog von Osuna, gnädig aufnahm und bei verschiedenen Sendungen verwendete. Mit seinem Beschützer fiel auch er in Ungnade und beschloß, der Staatscarriere entsagend, fortan nur den Wissenschaften und der Litteratur zu leben. Einer fälschlicherweise ihm zugeschriebenen Spottschrift gegen Philipp IV. halber schmachtete er vier Jahre in engster Haft und starb bald nach seiner Freilassung 1645.[3]

Der „Gran Tacaño" ist die Autobiographie eines feigen, ebenso unverschämten als erfindungsreichen Glücksritters, dem es, da er in der Wahl seiner Mittel durchaus nicht ängstlich ist, gelingt, sich emporzuarbeiten aus den niedersten und gemeinsten Schichten der Gesellschaft, natürlich immer auf Kosten Anderer. Er erzählt uns in ermüdender Breite, mit wenig Witz und viel Behagen, seine oft recht unsauberen Abenteuer während der Studentenzeit in Alcalá, auf der Landstraße, in den schmutzigen Dorfkneipen, im Gefängniß unter dem Madrider Diebesgesindel oder anderswo, in einer Sprache, welcher die ursprünglich klassische Reinheit und Einfachheit bereits abhanden gekommen ist. Die vielen Anspielungen, die oft weither geholten Wortspiele tragen in Verbindung mit dem an sich ziemlich widerwärtigen Gegenstande des Vortrages nicht dazu bei, uns die Lektüre des Buches zu einer genußreichen zu machen, um so weniger, als eine eigentliche fortschreitende Handlung ja gänzlich fehlt, und wir immer und immer nur von verübten Gaunereien hören.

Direkt gab das viel verbreitete und übersetzte Buch Anlaß zur Schaffung eines anderen Schelmenromanes, der in holländischer Sprache erschienen, und von dem wir weiter unten reden wollen.

Quevedo ist auch Verfasser eines anderen viel genannten Werkes: „Sueños", Träume, Visionen, die uns ein wenig erfreuliches Gemälde von Lastern oder Thorheiten darbieten in

einem wunderlichen Gemisch von Genialität, Formlosigkeit und
Gemeinheit; grandios und packend wirken eigentlich nur die
Schilderungen aus der anderen Welt, das Todtenreich, das
jüngste Gericht u. a., sonst tritt mitunter recht aufdringlich des
Dichters Menschenverachtung, sein innerer Groll zu Tage. An-
zuerkennen ist, wie auch im „Gran Tacauño", seine scharfe Beobachtungsgabe, seine eingehende Menschenkenntniß, doch kommen
schier immer und überall nur die niederen Triebe und Leiden-
schaften zu ihrem vollen Rechte.

Quevedos „Sueños" haben, allerdings erst in der
französischen Uebertragung des Sieur de la Geneste, unseren
Moscherosch angeregt zur Abfassung seines Buches: „Wunderliche
und wahrhafttige Gesichte Philanders von Sittewald" (Straß-
burg 1650.)

Gleicherweise als Vorbild diente einem anderen deutschen
Autor, von dem weiter unten geredet werden soll, ein Schelmenroman der Spanier: „Leben und Thaten des lustigen Bruders
Estebanillo Gonzales" (Vida y hechos de Estevanillo Gonzales.
Hombre de buen humor, compuesta por el mismo) zuerst
1646 zu Antwerpen, dann 1652 zu Madrid erschienen. Seitdem
des öfteren neu aufgelegt, ist es noch heutigestags in billigen
Ausgaben stark verbreitet und hat im 33. Band der Bibl. de
aut. esp. Aufnahme gefunden.

Die Editio princeps, mit dem Bildniß des „Urhebers und
Verfassers dieses Buches" geziert, enthält eine langathmige
Widmung an den „Excelentissimo Señor Octavio Picolomini
de Aragon, Duque de Amalfi, conde del Sacro Romano
Imperio etc." und gereimte Lobsprüche auf andere Heerführer
und Offiziere. Sie ist durch ein Exemplar in der Pariser
National-Bibliothek vertreten[4] und hat wohl, wie Audiffret in
der „Notiz über Leben und Werke Le Sages" annimmt, auch
Le Sage bei seiner Bearbeitung gedient, doch waren damals

nur noch zwei Exemplare dieser ersten Ausgabe vorhanden, deren eines der Bibliothèque du Roi einverleibt war, das andere im Besitze des bekannten Philologen Renouard war.

Dieses Werk also, längere Zeit hindurch von namhaften Litterarhistorikern dem Luis Velez de Gueavara, Verfasser des „Diablo cojuelo" und dann Anderen, freilich mit allem Un- rechte, zugeschrieben, hat einen Unbekannten zum Verfasser und giebt gleichfalls die Autobiographie eines Abenteurers, der sich als Barbier, Bettler, Pilgrim, Soldat, Marketender, Branntwein- schenker, Kurier durch die Welt schlägt, bis es ihm gelingt, in Dienst zu treten bei Octavio Piccolomini, dem Herzog von Amalfi, der ihn als bufon in seiner persönlichen Umgebung duldet. Mit großer Anschaulichkeit werden uns Episoden aus den Schlachten bei Nördlingen und Leipzig geschildert. Der Erzähler bewegt sich viel in Spanien, Italien, Flandern, sieht den Hof in Wien und wird nach Polen gesendet. Uns Deutsche mag es bis zu einem gewissen Grade interessiren, die Schillersche Gestalt des Piccolomini, des Kothurns der hohen Tragödie entkleidet, hier en robe de chambre betrachten zu dürfen. Der berühmte Heerführer und sein Gefährte in der Schlacht bei Nördlingen, der Kardinal-Infant Don Ferdinand, Sohn Philipps III. von Spanien, treiben mit dem bufon — dem hombre de buen humor – wie er im 6. Kapitel seiner Lebensgeschichte erzählt — allerlei Kurzweil, und solche Kavalierslaunen der damaligen Großen lassen auf ein grausam- rohes, entmenschtes Gemüth schließen. Gonzales Sprache ist nichts weniger als rein; oft gesucht und gekünstelt, verräth sie deutliche Spuren des Gongorismus. Aber trotz der zahllosen Plattheiten, denen wir in dem Büchlein begegnen, erkennen wir in dem Verfasser einen Mann von Witz und Wissen, was sich auch in den eingestreuten Versen kundgiebt.

Daß der freilich uns ganz unbekannte gebliebene Estebanillo

(890

Gonzales und kein Anderer der Urheber des Buches sein muß, geht aus der ganzen Anordnung der ersten Ausgabe, enthaltend: Vorrede, Bildniß des Verfassers, Widmung, Approbation ꝛc., auf das deutlichste hervor.

Est. Gonzales' Roman ist meines Wissens noch nicht weder in das Deutsche, noch in andere Sprachen übertragen worden, gegentheilige Angaben beruhen immer auf Verwechselungen mit der Bearbeitung des Le Sage, welche freilich große Verbreitung gefunden hat und in fremde Sprachen übersetzt wurde, mit dem Originale aber so gut wie gar nicht in Zusammenhang gebracht werden kann, da sie den Lesern nicht den historischen Estebanillo Gonzales, sondern einen rein fiktiven Abenteurer als etwas chargirten Gil Blas den Lesern vorführt.

Vielleicht ließe sich der Kreis der von uns hier besprochenen Schelmenromane noch erweitern; für unsere Zwecke genügen die angeführten Werke. Alle zeigen ein Gemeinsames in Form und Fassung: es sind freilich immer von gebildeten, oft sogar hochgelehrten Männern abgefaßte Autobiographien von Leuten der untersten Stände, wenn man will Reisebeschreibungen, angeblich von Landstreichern und Abenteurern niedergeschrieben. Was sie zu ganz originalen Schöpfungen gemacht hat, ist der Umstand, daß hier zum ersten Male das eigentliche Volk zu seinem Rechte gekommen. Es kann füglich unerörtert bleiben, wann der Roman im strengen Sinne des Wortes seinen Anfang genommen, ob die bekannten Erzählungen des Alterthums bereits dieser Gattung zuzuzählen sind, wir haben nur zu erwähnen, daß vor der novela picaresca so ziemlich die Alleinherrschaft behauptete der Ritterroman, welcher, der Poesie des Mittelalters entsprungen, eine prosaische Bearbeitung jener epischen Gedichte bietet, deren Helden ursprünglich dem fränkisch-karolingischen, dem bretonischen, dem normannischen, dem antik-romantischen Sagenkreis angehörten. Bekanntlich gilt „Amadis von Gaula" als Stammvater aller der zahllosen Ritterromane des Mittelalters, in denen aber nur der hohe Adel und unglaubliche Personifikationen fabelhafter Phantasiegebilde agierten. Vom Volke war in diesen Geschichten, die sich irgendwo in Wolkenkukuksheim ab= spielten, nirgends eine Spur zu finden.

Wir wissen nicht, was den bisher unentdeckt gebliebenen Autor veranlaßt haben mag, in seinem „Lazarillo de Tormes" den Lebensgang eines schmutzigen, zerlumpten Bettlerjungen zu schildern, ob er bei Abfassung des kleinen Romanes in der That nur beabsichtigte, satirische Zeitbilder zu geben. Sicher ist, daß das von dem „großen Unbekannten" geschaffene Genre reichen Beifall gefunden, daß sein Vorgehen auf einem bis dorthin un= bebaut gebliebenen Beobachtungsfelde bahnbrechend gewirkt, nicht nur auf dem Gebiete der Litteratur, sondern auch auf dem der Malerei. Der liebevollen Pflege des Realismus danken die spanischen Meister, ein Velasquez, ein Murillo, von den Anderen zu schweigen, nicht zum kleinsten Theile ihre groß= artigen Triumphe. Auch der große Cervantes (1547—1616) konnte dem Zuge der Zeit nicht widerstehen; mit der Novelle: „Rinconete und Cortadillo" huldigte er dem género picaresco; viel des Realistischen enthält sein unsterbliches Werk, der „Don Quijote", den wir, künstlerisch urtheilend, als den ersten modernen Roman preisen müssen und der in der Absicht ge= schrieben wurde, die Ritterbücher zu verdrängen, um an ihrer Statt der Leserwelt anderes und besseres zu bieten.[5]

Cervantes hat in glänzender Weise erreicht, was er er= strebte, nach dem Erscheinen seines Hauptwerkes, in welchem er mit der Souveränität eines freien Geistes die vollen Schalen einer wahrhaft göttlichen Satire ausgießt über eine ganze höchst verderblich wirkende Moderichtung. Wenn aber, was Ticknor in seiner klassischen Geschichte der spanischen Litteratur, 2. B. 12. Kap., sogar statistisch nachweist, der Nation mit einem Male die Lust an dem Vortrage solch unwahrer, oft herzlich albern erfundener Abenteuer gründlich vergangen ist, so läßt sich diese Geschmacks-änderung leichtlich erklären durch den immer mehr erstarkenden Zug eines gesunden Realismus, der durch die Litteratur ge-gangen.

Aber der Schelmenroman wäre vielleicht, trotz der weiten Verbreitung, die er gefunden, eine eminent-nationale Leistung geblieben, hätte in gewissem Sinne die Grenzen Spaniens kaum überschritten, wenn nicht unter den Franzosen ein freier Geist es verstanden hätte, den lokalen Typus in einen universellen auszugestalten. Den Schelmenroman zu seiner Wanderung durch die Weltlitteratur passend umgeformt zu haben, ist das unsterbliche Verdienst Le Sages (1668—1747). Mit seinem Verständniß hat er es vermieden, den Helden seines großen Romanes „Gil Blas de Santillana" ohne weiteres zu einem Franzosen zu machen, er mußte es lernen, mit castilischer Grazie die Golilla, die Capa und Spada zu tragen, denn die Geschichte, obgleich ein veritabler Franzose mit all der liebenswürdigen Bonhommie seiner Nationalität sie vorträgt, spielt ja in Spanien, und so peinlich genau ist Le Sage oft bei Abfassung seiner Er-zählung zu Werke gegangen, daß sogar gelehrte Spanier getäuscht wurden und kühnlich behaupteten, „Gil Blas" sei nichts anderes als die verderbte Uebersetzung eines ursprünglich in spanischer Sprache verfaßten Buches. Erst, nachdem trotz eifrigsten Suchens sich nirgends eine Spur von dem benutzten Originale hat auffinden lassen, beruhigten sich die Gemüther, und jetzt gilt der Roman des Franzosen in der unterdeß verbesserten und er-gänzten Uebertragung des Pater Jsla unter den Spaniern schier als ein klassisches Buch.

Alain Réné Le Sage, 1668 bei Vannes geboren und dort-selbst im Jesuitenkollegium erzogen, kam frühzeitig nach Paris, das er bis zu seinem im Jahre 1747 zu Boulogne erfolgten Tode

3*   (893)

nie auf längere Zeit verlassen, erst als Advokat, dann aber ausschließlich als Schriftsteller thätig. Der Abbé von Lyonne, erster Sohn des vormaligen französischen Gesandten am Hofe von Madrid, bestimmte ihn, das seit Corneilles Tod etwas vernachläſſigte Studium der spanischen Litteratur wieder aufzunehmen. Die Frucht solcher Bemühungen war die Adaptirung mehrerer spanischer Komödien für die Pariser Bühne, sowie die Uebertragung und Bearbeitung des unechten zweiten Theils des Don Quijote, von Avellaneda herrührend, des Guzman de Alfarache von Aleman, des hinkenden Teufels von Guevera, der Geschichte des Estebanillo Gonzales. Dagegen müſſen, neben verschiedenen Lustspielen, als mehr selbſtändige Werke angesehen werden: „Gil Blas de Santillana" und sein letzter schwächerer Roman: „Der Bachelier von Salamanca oder Memoiren des Don Cherubim de la Ronda", einem spanischen Manuskripte entnommen.

Wir können füglich die beiden Vorläufer Le Sages auf dem Gebiete realiſtischer Darstellung: Charles Sorel, Sieur de Sanvigny, Verfaſſer des „komischen Romanes Francion", erschienen 1622, und Paul Scarron, Verfaſſer des „komischen Romanes" übergehen, denn für uns kann hier nur „Gil Blas" in Betracht kommen, der eine geradezu beispiellose Verbreitung gefunden und, in die Sprachen aller Kulturnationen übersetzt, jedem Gebildeten ohne weiteres bekannt ist. Ein vollkommener Schelmenroman, bringt er die Autobiographie eines jungen Menschen, der, im Begriffe die Hochschule zu beziehen, seiner geringen Habe beraubt, sich genöthigt sieht, so gut oder schlecht es geht, für sein Fortkommen zu sorgen. Er ist nacheinander der Diener verschiedener Herren, wird bei vornehmen Familien Intendant, dann Privatsekretär des Herzogs von Lerma, schließlich selbst Schloßherr. Als anstelliger und höchſt gutmüthiger Junge findet er immer gleich wieder einen neuen Platz, wenn er das Unglück hat, verabschiedet zu werden, und nichts ist unterhaltender, als ihm zu folgen auf seinen Kreuz- und Quer-zügen, die ihn in schier alle Städte Spaniens führen, wo er in allen Ständen der Gesellschaft Beschützer, Gönner, Freunde, auch wohl Neider findet. Freilich, und dies hat man dem Roman als schweren Fehler angerechnet, wird der Held, trotzdem er alle möglichen Erfahrungen gemacht, eigentlich nicht älter, er bleibt nach wie vor verharrend in seinen liebenswürdigen Irr-thümern, in seiner fröhlichen Sorglosigkeit, in seiner harmlosen Unbefangenheit, die ihn abstumpft gegen das Böse wie auch gegen das Gute. Dabei zeigt das Werk, zumal in seinem letzten Theile, erhebliche Mängel in der Anlage und Ausführung, die keinem aufmerksamen Leser entgehen können. Wenn somit „Gil Blas" nicht eigentlich den wirklich bedeutenden Werken der Welt-litteratur beizuzählen ist und der Roman als Kunstleistung, von den überschwenglichen Lobeserhebungen französischer Litterar-historiker gänzlich abgesehen, kaum das uneingeschränkte Lob verdient, das W. Scott (Biograph. Memoirs of eminent novellists. Miscell. prose works. Vol. III. p. 230) ihm spendet, müssen dennoch Le Sages Verdienste um die Pflege und hohe Förderung der Novellistik unbestritten anerkannt bleiben.

Was nun die Frage nach der Originalität des „Gil Blas" anbetrifft, so soll gleich zu allem Anfang festgestellt werden, daß es zur Zeit noch an einer zusammenfassenden Darstellung der Beziehungen Le Sages zur spanischen Litteratur fehlt. Wollte man eine solche versuchen, so müßten die drei Romane: „Gil Blas", „Der Bachelier von Salamanca" und „Estebanillo Gonzales" in ihrer Gesamtheit nach ihrem inneren Zusammenhange geprüft und in ihren einzelnen Theilen mit den uns bekannten spanischen Quellenwerken verglichen werden, denn es ist im Grunde genommen immer derselbe Held, der immer wieder eine bunte Reihe von Abenteuern besteht. Immer aber könnte es sich nur um Einzelheiten handeln, welche der französische Romancier allerdings oft wortwörtlich den spanischen, oft auch italienischen Vorbildern entnommen und sorglos seinen eigenen Werken einverleibt. Daß er den „Gil Blas" ganz und gar einem spanischen Autor „geraubt", wie Voltaire, Pater Isla und ein spanischer Literator, Buigblanch, behaupteten, davon kann nie die Rede sein.

Nachdem Voltaire im Anhange zu seinem Zeitalter Ludwigs XIV. behauptet, daß Le Sage, gegen den er persönlichen Groll hegen mochte, seinen „Gil Blas" gänzlich dem spanischen Roman mit dem Titel: „La Vidad de lo Escudiero Dom Marcos d'Obrego" (so citirt!) entnommen, und diese leichtfertige Anschuldigung in mehrere Encyklopädien untergeordneter Bedeutung übergegangen, erschien im Jahre 1787 zu Madrid eine Uebersetzung des Gil Blas unter dem sensationellen Titel: „Abenteuer des Gil Blas von Santillana, Spanien geraubt und Frankreich angepaßt durch M. Le Sage, ihrem Vaterlande und ihrer Heimathsprache wieder zurückgegeben durch einen eifrigen Spanier, der nicht duldet, daß man sich über seine Nation lustig mache." Als Verfasser dieser Uebersetzung galt der Ex-Jesuit Pater Josef Isla, bereits 1781 zu Bologna verstorben, auf dem Titel mit dem Pseudonym Issalps benannt. Ohne im stande zu sein, irgend welche Belege oder Beweise vorzubringen, behauptete Pater Isla in dem Vorworte, conversacion preliminar, kühnlich, daß „Gil Blas" das Werk eines andalusischen Advokaten sei, welcher das Manuskript dem Le Sage gegeben, der in Spanien gewesen, entweder als Sekretär bei der Gesandtschaft oder als Freund des Gesandten. Aber dies alles blieb ohne jegliche Begründung, denn niemals wurde das Manuskript in Vorlage gebracht, noch der Name des Advokaten genannt, auch war ja Le Sage nie in Spanien gewesen. Aber die Spanier gaben dennoch die

Sache noch nicht als verloren auf. In zwei geistreichen und gelehrten Schriften: „Kritische Bemerkungen über den Roman Gil Blas von Santillana", als Denkschrift an die französische Akademie gerichtet, während die andere, in spanischer Sprache verfaßt, mit etwas abweichendem Inhalt ebenfalls 1822 in Madrid erschienen ist, sucht Antonio de Llorente, der berühmte Verfasser der „Geschichte der Inquisition", nachzuweisen, daß der französische Roman spanischen Ursprungs sei, nur habe er nicht einen andalusischen Advokaten, sondern den Historiker Antonio de Solis y Ribadeneyro zum Autor. Dieser, so behauptet wenigstens Llorente, habe einen Roman geschrieben: „Der Bachelier von Salamanca", das Manuskript dieses Romanes sei in Le Sages Besitz gekommen, der erst daraus das Material für seinen „Gil Blas" geschöpft und dann den Rest 1736 als „Bachelier de Salamanque" heraus-gegeben habe.

Nun ist allerdings an der Sache richtig, daß der französische Romancier seinem letzten Werke, welches er selbst am höchsten schätzte, den zweiten Titel beifügte: Memoiren des Don Cherubim de la Ronda, einem spanischen Manuskripte entnommen. Le Sage kann ein Manuskript, solchen Stoff zu einem Roman enthaltend, von dem Abbé de Lyonne ausgehändigt erhalten, er kann vieles daraus für den „Gil Blas" gezogen, und erst den Rest im „Bachelier de Salamanca" verwerthet haben, denn zweifellos besteht eine ganz frappante Aehnlichkeit in der Anlage der beiden Werke, denen sich als drittes das „Leben des Estebanillo Gonzales" anreihen läßt, aber wie darf man so ohne weiteres behaupten, daß Antonio de Solis einen Roman „Der Bachelier von Salamanca" verfaßt habe?

Freilich sucht Llorente seine Behauptungen nicht ohne Scharfsinn zu vertheidigen, auch klingt das, was er vorbringt, ziemlich plausibel, denn Le Sage kann nur an der Hand eines überreichen Materials an die Schaffung seines „Gil Blas“ gegangen sein, der auf jeder Seite beinahe eine ganz verblüffend genaue Kenntniß der Sitten und Gebräuche des Landes, seiner natürlichen Beschaffenheit, seiner Geschichte offenbart. Was aber wollen neben einer solch peinlich gewahrten Treue des Lokalkolorites die offenbaren Fehler, groben Versehen und Flüchtigkeiten, die Le Sage sich da und dort hat zu Schulden kommen lassen? Er that es absichtlich, behauptet Pater Isla wenig höflich, um seinen Diebstahl besser zu verbergen. Er hat sein Manuskript nicht immer verstanden, behauptet Llorente, und zählt schulmeisterlich 24 Verfehlungen gegen Chronologie, 10 gegen Topographie auf.

Genau so gründlich verfährt er, wenn uns 30 Aehnlichkeiten zwischen dem „Gil Blas“ und dem „Bachelier“ nachgewiesen werden und unter 36 Schriftstellern des 17. Jahrhunderts ganz genau der Eine Antonio de Solis als der wahre Verfasser des „Bachelier“ zur Vorstellung kommt.

Nun ist aber fatalerweise das hier alles beweisende Original-Manuskript des „Bachiller de Salamanca“ verschwunden und absolut unauffindbar geblieben. Ebensowenig war auch nur die geringste Spur zu entdecken, von einem anderen „gedruckten“ Quellenwerke, dessen sich Le Sage bei Abfassung seines Hauptromanes bediente, wie der schon erwähnte Dr. Antonio Buigblanch in seinem 1833 zu London erschienenen Buche: „Opúsculos grammatico-satiricos“ glauben machen will. Doch ist dieser Gelehrte wenigstens so gerecht, dem Le Sage nicht alles schöpferische Verdienst abzusprechen.

Für Le Sage ist mit aller Wärme der Comte François de Neufchâteau eingetreten. Die Abhandlung ist in die bei dem älteren Didot in Paris 1820 erschienene Ausgabe des „Gil Blas“ aufgenommen worden, nachdem sie zwei Jahre früher als Denkschrift in der französischen Akademie zur Verlesung gekommen ist. Die französisch gefaßte Entgegnung ist ebenfalls an diese litterarische Körperschaft gerichtet.

Sicherlich braucht die Llorentische These heutzutage durchaus nimmer ernsthaft genommen zu werden, denn die Belege für ihre gänzliche Unhaltbarkeit lassen sich in erdrückender Menge beibringen. Was man auch sagen mag über Le Sages un= genirte Art, von den Schätzen der castilischen Litteratur sich anzueignen, was er in jedem einzelnen Falle just brauchte, sein ganzes Schaffen war im Grunde genommen gleichwohl ein selbständiges zu nennen, seine äußerst geschickte Verwerthung fremder Motive bei Herstellung der eigenen Arbeiten darf nun und nimmer allzustrenge verdammt werden, denn gerade der Umstand, daß ein Mann wie Llorente mit einem ganz achtungs= werthen Aufwand von Fleiß, Scharfsinn und Belesenheit sich bemüht, die Autorschaft des „Gil Blas" für einen seiner Landsleute zu beanspruchen, ohne in diesem Vorhaben zu reussiren, beweist im Grunde auf das unwiderleglichste das eine, daß Le Sage ein großes und schöpferisches Genie gewesen.

Nur auf einem solchen Wege konnte es geschehen, daß der Schelmenroman der Spanier, jene ganz originale Dichtungsart, wiederum in ganz eigenartiger Weise gepflegt, zu einem inter= nationalen Gemeingut der Gebildeten wurde, was uns alsbald klar werden muß, wenn wir übergehen zur einschlägigen Litteratur der Engländer. Denn obgleich es als ausgemacht gilt, daß der Keim der englischen Novellistik im Essai zu suchen ist, darf doch keinen Augenblick verkannt werden, welch über= mächtigen Einfluß die novela picaresca der Spanier auf die Gestaltung und den Ausbau des englischen sogenannten Sitten= romanes gehabt. Es ist hier nicht der Platz, des Breitern zu sprechen über die verschiedenen, in rascher Folge sich ablösenden moralischen Wochenschriften, nur sei hervorgehoben, daß die im „Spectator", später im „Guardian" und im „Lover" sich ein=

führenden Personen des Sir Roger de Coverley, des Will Honycomb, des Kapitäns Sentry u. A. bereits ganz glücklich erfundene Romanfiguren darstellen. Hier brauchte der Buch-drucker Samuel Richardson (1689—1761) nur einzusetzen, um der Begründer einer in England ganz neuen litterarischen Er-scheinung des Familienromanes zu werden. Auch er konnte, gleich Cervantes, mit dem er freilich sonst blutwenig gemein hat, behaupten: „Alle meine Erzählungen enthalten, ich darf es dreist aussprechen, eine nützliche Lehre." Auch er machte, gleich dem großen Spanier, mit seinen drei erfolgreichen Romanen: Pamela, Clarissa, Grandison, wie W. Scott in seinem „Leben Richardsons" (Memoirs of eminent novellists) sagt, jenen Romanen, im altfranzösischen Stile geschrieben ein Ende, „die in unendlichen Liebesgeschichten von Prinzen und Prinzessinnen bestanden, welche in einer kalten und doch schwul-stigen Schreibart die unsinnigsten Ansichten vortrugen". Uns Spätgeborenen gilt freilich Richardson als ein vergessener Mann, der einst so glänzend gefeierte Name hat seitdem schier seinen ganzen Klang eingebüßt, und wenn wir, durch irgend einen Umstand veranlaßt, einen seiner entsetzlich breit angelegten Romane durchblättern, vermögen wir mit bestem Willen nicht zu begreifen, wie ein Diderot ihn neben Moses, Sophokles und Euripides nennen, ein Rousseau ihn dem Homer gleichstellen konnte. Uns erscheinen seine Menschen in der That nicht als ein Abbild der wirklichen Welt; wenn sie auch durch die genaue und sorgfältige Kleinmalerei, mit der sie von jeder geheimsten Herzensbewegung Rechenschaft ablegen, eine Art von Glaub-würdigkeit sich zu erzwingen wissen, bleiben sie doch „idealische Affektationen, reine Kompendienmenschen", welche darstellen zu wollen unser Schiller in der Vorrede zu den Räubern so energisch ablehnt.

Der witzige Horace Walpole (1717—1797) nennt die

Romane Richardsons, in denen, so ließe sich kurz deren Vortrags=
art charakterisiren, bald tabellos tugendhafte Menschen und dann
wiederum kraß lasterhafte endlose Briefe schreiben, was im wirk=
lichen Leben ganz gewiß nie vorgekommen ist und nie vorkommen
wird, „erbärmliche Jammergeschichten, welche die Welt nach den
Ideen eines Buchdruckers oder methodistischen Predigers schildern".

Daß Richardson, troß der großen Erfolge, deren er sich zu
erfreuen hatte, keine Nachahmer gefunden, war für die Ent=
wickelung des englischen Romanes nur von Nußen, sollte er
nicht, nach hoffnungsreichem Anlaufe in einer lehrhaften und
philiströs beschränkten Richtung öde verkümmern. Der Erste,
welcher gegen diese Einseitigkeit eines puritanerhaft angelegten
Autors zu Felde zog, mit glänzenden Geisteswaffen jenes
trockene Haec fabula docet bekämpfte, das sich in Richardsons
Romanen so aufdringlich gebärdet, war Heinrich Fielding.
Wenn, wie es in den Litteraturgeschichten heißt, die geistreiche
Art, wie er seinen Gegner schlug, ihn zu einem der größten
Romandichter aller Zeiten gemacht, so dürfen wir niemals ver=
gessen, daß Fielding bei den spanischen Novellisten in die Schule
gegangen.

Abgesehen von einem Jugendwerk: „Don Quijote in
England", einem kühnen Versuch, den edlen Ritter de la Mancha
auf der englischen Bühne vorzuführen, tragen die frühesten
Ausgaben seines ersten Romanes: „Geschichte der Abenteuer
Joseph Andrews und seines Freundes Abraham Adams" die
Titelbemerkung: „Geschrieben in Nachahmung der Art des
Cervantes, Autor des Don Quijote".

Heinrich Fielding, als Sproß einer alten und hoch=
angesehenen Familie, sogar mit dem Habsburger Kaiserhause
verwandt (der Gründer der Familie, ein Graf von Habsburg,
naher Verwandter des Königs Rudolf, hat, so behaupten
Lawrence und Dobson, des Dichters Biographen, den neuen

Namen von seiner Besitzung Rheinfielding abgeleitet) hatte in einem nicht langen, aber reich bewegten Leben genugsam Gelegenheit, mit den verschiedensten Klassen und Ständen der Gesellschaft in den innigsten Verkehr zu treten. Er war nacheinander Student, Lebemann, Direktor einer Schauspielergesellschaft, Gutsbesitzer und wiederum Student, dann öffentlicher Sachwalter, Friedensrichter und schließlich Romanschriftsteller, der, aus seinen reichen Lebenserfahrungen schöpfend, uns Charaktere und fesselnde Bilder aus der Wirklichkeit bietet, während Richardsons Figuren lediglich Gebilde einer oft bis zur Ermüdung abgehetzten Einbildungskraft sind, wahre Ausgeburten des Himmels oder der Hölle. Fielding gehörte nach dem übereinstimmenden Urtheile aller seiner Biographen zu jenen liebenswürdigen und leichtlebigen Naturen, die vielleicht nicht immer den allerstrengsten Forderungen einer ängstlichen Moral zu entsprechen vermöchten, aber bei allen Schwächen und Verirrungen nie das Ideal reiner Menschlichkeit aus den Augen verlieren, und diese Charaktergrundzüge mußte der Autor in jedem der Helden seiner Romane verkörpert zur Darstellung zu bringen. Außerdem spiegelt sich in seinen Hauptwerken: „Joseph Andrews" (1740), „Tom Jones" (1749), „Amelia" (1752), wie in dem Gaunerroman „Jonathan Wild der Große", der Geschichte eines 1725 gehenkten Diebes und Einbrechers, die Zeit, in der Fielding lebte, auf das getreueste wieder, genau wie in den oben besprochenen Novellen der Spanier.

Die Regierungszeit des ersten George bietet denn auch in mehr als einer Hinsicht ein merkwürdiges Analogon der gesellschaftlichen Zustände unter den Habsburgern in Spanien, wie die Vertreter der oberen Klassen die getreuen Kopien der am Hofe des fünfzehnten Ludwigs tonangebenden Kavaliere darstellen. In Windsor schienen die lustigen Tage des zweiten Karl zurückgekehrt, die Skandalgeschichten der Lady Worseley, der Miß Chudleigh, späteren Herzogin von Kingston, und anderer Damen aus den höchsten Ständen beweisen auf das schlagendste die Verderbtheit der damaligen vornehmen Welt. Die Memoirenwerke Horace Walpoles, seine geistreichen und witzigen Briefe an Sir Horace Man, den britischen Gesandten am toskanischen Hof, die Korrespondenz der Lady Mary Wortley Montague enthalten überreiches Material zur Beurtheilung der in den Hof- und Adelskreisen herrschenden Grundsätze über Sitte und Wohlanständigkeit. Wie Amerika an Spanien, so lieferte Indien an England seine unerschöpflich scheinenden Reichthümer. Ein zweiter Cortez, war Clive ausgezogen, beseelt von einem mächtigen Drange, in fremden Landen die kühnsten Abenteuer zu bestehen, und wie der stolze Hidalgo wurde der arme Schreiber zum Begründer eines neuen Reiches und kehrte dann, mit Ehren überhäuft, in die Heimath zurück. Sein Vermögen ward auf 1 200 000 Pfd. St. geschätzt, ein seiner Frau gehöriges Schmuckkästchen repräsentirte einen Werth von 200 000 Pfd. St. In dem Gefolge dieses britischen „Konquistadoren" befanden sich Leute, die, von Haus aus ohne jegliche Bildung, in dem Wunderlande schnell und mühelos reich geworden, das Gold mit vollen Händen um sich her verstreuten und einer genußsüchtigen Jugend schlimme Vorbilder toller sinnloser Vergeudung waren. Der Nabob wurde in den Kreisen der jeunesse dorée zu einer Art von Respektsperson; an der Börse begann alsbald ein schwindelhaftes Spiel um hohe Werthe, die meist nur in der Einbildung existirten; in den Klubs aber wechselten oft in einer einzigen Nacht gewaltige Vermögen ihre Herren. Eine andere Folge dieses unerwartet raschen Anwachsens des Kapitals war das Ueberhandnehmen des Räuberunwesens auf den Heerstraßen des Landes, wodurch die öffentliche Sicherheit in schlimmster Weise gefährdet erschien. Wie im Schelmenroman der Spanier der picaro, der Landstreicher, so spielte in der englischen Erzählung der high-way-man, der Straßenräuber, seine bedeutsame Rolle. Aber damit endet die Aehnlichkeit. Dem Mutterlande Spanien brachten die Ansiedelungen in der neuen Welt geringen Segen, während Englands Aufschwung just von der Zeit der Erwerbung überseeischer Kolonien an datirt; im katholischen Spanien versank die ganze Nation mählich in verderbliche Indolenz, während im protestantischen England ein tüchtiges Bürgerthum unaufhörlich bedacht war, in regem Wetteifer der Bethätigung aller Kräfte ein gedeihliches Auf= blühen, eine ruhige Weiterentwickelung mit dem Hinzugekommenen zu ermöglichen. Freilich erwies es sich bald, auf dem Gebiete des Romanes, daß die Zeit der rührseligen Beschränktheit eines Richard= sonschen Talentes unwiederbringlich dahin sei; mehr und besser als an den mit peinlicher Gewissenhaftigkeit ausgeführten und doch un= wahren Figuren des braven Londoner Buchdruckers erfreute die Leserwelt sich an den frisch und keck entworfenen, mit aller Wahrheit ausgeführten Gestalten Fieldings, der das wirkliche Leben in seinen Höhen und Tiefen so genau kannte und mit solch überzeugender Kraft der Darstellung zu schildern wußte. Seine Romane sind nicht alle gleichwertig, aber zu dem besten, was die englische Litteratur überhaupt auf diesem Gebiete auf= zuweisen hat, wird immer „Tom Jones, die Geschichte eines Findlings", gezählt. In dem Helden hat wohl der Autor sich selbst gezeichnet, mit seinem ganzen Leichtsinn, seiner Offen= herzigkeit und Bravheit; nicht minder gelungen sind die Figuren des tugendstrengen aber leichtgläubigen Alworthy, der gutmüthige, aber brüske und adelsstolze Squire Western und seine pretentiöse Schwester, die liederliche Lady Bellaston, deren Urbild die in den höfischen Skandalgeschichten oft genannte Lady Townshend gewesen, die zärtliche und muthig liebende Sophie, des Helden Schwester, und viele Andere. Freilich hat Fielding, und das ist ihm meines Erachtens von einseitig Urtheilenden mit Unrecht

zum Vorwurf gemacht worden, nichts idealisirt, wollte er doch
Richardsons, seines Antipoden, Fehler um jeden Preis ver=
meiden. Aber die herzgewinnende Frische seiner Darstellung,
die packende Komik der vorgeführten Situationen, wirkt noch
heute auf uns späte Nachkommen wie auf die Lesewelt von
damals. Von den Spaniern hat Fielding die Art herüber=
genommen, in den Gang der Erzählung selbst wieder lange
Episoden einzuflechten. Diesem Anpassen an fremde Muster
verdanken wir die sechs Kapitel füllende Geschichte des Mannes vom
Hügel, welche sich genau liest wie irgend eine einem pikaresken
Romane einverleibte Historia.

In noch höherem Grade als Fielding ist ein Meister in
der Darstellung des Realistischen Tobias Smollet, der noch zu
des Ersteren Lebzeiten als dessen Rivale aufgetreten. Auch
Smollet (1720—1771) gehörte einer vornehmen Familie an,
auch ihm drückte nach manchen fruchtlosen Versuchen, sich eine
gesicherte Existenz zu gründen, die bittere Bedrängniß die Feder
in die Hand, auch er schilderte in seinen Romanen vorwiegend
Selbsterlebtes. In gewisser Beziehung übertrifft Smollet,
besonders da, wo es sich um das rein naturalistische Moment
dreht, seinen Vorgänger, der ihm freilich im übrigen an künst=
lerischer Durchbildung weit überlegen ist.

Wenn Heine in der Vorrede zu einer Prachtausgabe des
„Don Quijote" bemerkt: „Es sind prosaische Naturen, diese
englischen Romandichter seit Richardsons Regierung, der prüde
Geist ihrer Zeit widerstrebt sogar aller kernigen Schilderung
des gemeinen Volkslebens, und wir sehen jenseit des Kanals
jene bürgerlichen Romane entstehen, worin das nüchterne Klein=
leben der Bourgeoisie sich abspiegelt. Diese klägliche Lektüre
überwässerte das englische Publikum bis auf die letzte Zeit, wo
der große Schotte auftrat, der im Romane eine Revolution
oder eigentlich eine Restauration bewirkte", — so beweist er

damit auf das unwiederleglichſte nur das Eine, daß er nie eine Zeile weder von Fielding noch von Smollet mit dem richtigen Verſtändniß geleſen.

Smollet, 1720 in einem romantiſchen Thale Schottlands geboren, ſtudirte auf Wunſch ſeines Großvaters unter Leitung eines berühmten Wundarztes Heilkunde in Glasgow, trat dann als Unterarzt in der Marine ein, machte die Expedition nach Carthagena mit, lebte lange Zeit auf Jamaica und kehrte 1746 nach England zurück, wo er anfangs als Arzt praktizirte, dann aber ſich der Schriftſtellerei widmete, bis er ſpäter zur Herſtellung ſeiner geſtörten Geſundheit nach dem Süden überſiedelte und 1771 zu Livorno verſtarb. Seine Hauptwerke ſind: „Roderick Random" (1748), „Peregrine Pickle" (1751), großentheils während eines Aufenthalts in Paris geſchrieben, „Abenteuer Ferdinands, Grafen von Fathom" (1753), „Expedition Humphry Clinkers" (1771). Außerdem hat Smollet u. a. eine wenig gerühmte Ueberſetzung des „Don Quijote" herausgegeben.

Alle dieſe Romane unterſcheiden ſich von jenen Richardſons ſo ſehr, daß beide Darſtellungsarten ſchlechterdings ein Nebenaneinanderſtellen nicht vertragen. Dort auf jeder Seite ein peinliches Ueberwachen der Hauptperſonen, die kaum einen ſelbſtändigen Schritt ins Leben hinauswagen dürfen, ohne daß ſie zum voraus ſchon uns volle Rechenſchaft ablegen von ihrem eigentlichen Vorhaben, von ihrem geſamten Thun und Treiben, von all ihren Abſichten und Zielen: die ganze Enge ſpießbürgerlicher Beſchränktheit; hier dagegen die denkbar freieſte Entfaltung, durchgehends in ſchrankenloſe Weite ſchweifende Charaktere. Keinen der Smolletſchen Helden würde es nur eine Stunde dulden in den ſteifen Zirkeln, darin die Richardſonſchen Figuren in genau vorgezeichneten Bahnen automatenhaft ſich bewegen müſſen. Die Random, Peregrine, Ferdinand wollen ſich austummeln auf der ſonnenbeſchienenen Landſtraße,

im dichten Wald, auf der brandenden See, sie wollen zu jeder
Stunde immer wieder ein anderes Abenteuer bestehen und sind
überall dabei, wo es toll und wüst hergeht. In jedem steckt
ein gut Theil jener pikaresken Laune, die einst einem Lazarillo,
einem Guzman, einem Marcos de Obregon und wie sie Alle
heißen mögen, zu eigen gewesen, keiner unterscheidet sich just
allzustrenge vom Landstreicher und Gauner. So vermögen sie
uns, mit den Fieldingschen Helden verglichen, nicht sonderlich
viel Interesse abzugewinnen, ja oft erscheinen sie uns als rohe
und unangenehme Bursche, die mit brutaler Rücksichtslosigkeit
sich ihren Weg durch die Welt bahnen. Smollet, der nach
jeder Richtung hin sich die Schelmenromane der Spanier zum
Vorbild genommen, weiß auch so gut wie nichts von einem
künstlerischen Aufbau in der Darstellung, welchem Fielding bei
aller scheinbaren Buntheit der Handlung immer hohe Beachtung
geschenkt, Abenteuer reiht sich an Abenteuer, die unter sich nur
durch den schwachen Faden der Lebensgeschichte des Helden verbunden sind. Aber es bleibt Smollets ureigenstes Verdienst,
als der Erste kernige Darstellungen des Lebens zur See gebracht
zu haben, und in dieser Hinsicht ist er einer ganzen Reihe von
tüchtigen Schriftstellern Meister und Vorbild geworden.

Der Vortrag eines Smollet, eines Fielding bezeichnet für
den Roman auch insofern einen bedeutsamen Fortschritt, als
diese Autoren ihren Stil den verschiedenen Charakteren anzu-
passen wissen. Bei Richardson ist es immer er selbst, der spricht,
seine Nachfolger lassen ihre Helden sprechen, wie es ihren
Charakteranlagen, ihren Sitten und Gewohnheiten, kurz, ihrem
ganzen Naturell entspricht, und zeigen sich, nach dem Vorbild
der Spanier, nicht immer prüde im Ausdruck bei getreuer
Wiedergabe rasch wechselnder Empfindungen.

Man hat oft Random mit Gil Blas verglichen, und doch
ist trotz der frappanten Aehnlichkeiten dieser Figuren Smollet

ein ganz Anderer als Le Sage. Randoms Bedrängnisse als Schüler, seine Lehrzeit bei dem Apotheker, seine Reise nach London, seine Erlebnisse bei der Marine sind völlig der Wirklichkeit entnommene Begebenheiten; ein Lieutenant Bowling, ein Jack Rettlin hat in der That existirt. Solche Figuren, sagt Thackeray mit Recht, brauchte der Dichter nicht erst zu erfinden, er ist ihnen schon im Leben begegnet.

Wie die Spanier zu thun pflegten, hat auch er in seinem Roman „Peregrine Pickle" eine Episode aufgenommen, die mit der eigentlichen Erzählung gar nichts zu thun hat. Die „Memoiren einer Dame von Stand" haben in gewissem Sinne eine Lady Vane zur Verfasserin, welche Smollet den Stoff zu pikanter Verarbeitung übergeben und nach geschehener Ein schaltung der „Memoirs" in den Roman reich belohnt hatte. Lady Vane war die Tochter des Francis Hawes, eines der Direktoren der berüchtigten Südsee=Gesellschaft. Erst mit Lord William Hamilton vermählt, heirathete sie nach dessen Tod Lord Vane, den Neffen des Herzogs von Newcastle, mit welch Letzterem sie später einige ärgerliche Prozesse führte. Smollet gehörte zur großen Zahl der von ihr begünstigten Anbeter. Thackeray, der in seinen „Vorlesungen über die englischen Humoristen des achtzehnten Jahrhunderts" nach einer gerechten Würdigung Smollets das Lob Fieldings in den höchsten Tönen singt, hat zweifellos viel gelernt von diesem Meister der Erzähler· kunst. Englische Kritiker behaupten, sein „Pendennis" schildere das Leben eines Tom Jones unserer Tage; gemeinsam ist bei den Autoren, als Zeichen ausgesprochener Kongenialität, ein charakteristischer Zug leichter Ironie, der bei Thackeray freilich oft zur bittersten Satire wird.

In welch bedeutendem Grade Fielding, wie auch Smollet bestimmend gewesen für die Weiterentwickelung des realistischen Romanes in England, bedarf keines weiteren Nachweises, waren sie doch die eigentlichen Schöpfer dieses Genres. Ein neuerer Litterarhistoriker, E. Gosse, behauptet in seiner „Litt.-Gesch). des achtzehnten Jahrhunderts", daß ohne Smollet ein Dickens nicht das geworden wäre, was er für die erzählende Litteratur des 19. Jahrhunderts bedeutet.

Der Schelmenroman fand in Holland einen Bearbeiter in der Person des Dr. Nicolaas Heinsius, geb. 1656 im Grafenhaag als natürlicher Sohn des berühmten Philologen und Staats-mannes Nic. Heinsius (1620—1681). Die Mutter, Margarethe Wullen, eine Predigerstochter, hatte am lockeren Hofe der Königin Christine zu Stockholm die Bekanntschaft des damaligen holländischen Residenten gemacht und kam 1658 urplötzlich mit zwei Knaben nach Amsterdam, den dortigen Stadtschreiber als Gatten und Vater ihrer Kinder zu reklamiren. Im Briefwechsel der Philologen Vossius und Gronovius kommt die „schwedische" Lais, Thisbe, Aspasia sehr schlecht weg, doch gelang es ihren unabläffigen Bemühungen, für sich durchzusetzen, daß sie und ihre beiden Kinder den Namen Heinsius führen durften. Dann verzog sie mit einem Deutschen nach Schweden. Der Freigebig-keit dieses unbekannt gebliebenen Freundes hatte Heinsius jun. eine gute, gelehrte Erziehung zu danken, die an deutschen Universitäten vollendet ward, dann kehrte der junge Mann als Doktor der Medizin nach Holland zurück, sich eine Lebensstellung zu gründen. Wir können unmöglich annehmen, daß er ein guter und dankbarer Sohn gewesen, denn nicht nur beläftigte er seinen soi-disant Vater mit den übertriebensten Forderungen und bedrohte ihn einige Male sogar mit dem Tode, auch dem Andenken der Mutter setzte er in seinem größten Roman ein litterarisches Denkmal herzloser Roheit. Im Haag geschah es, daß er, am 28. Dezember 1677 abends mit zwei Freunden luftwandelnd, in einen ärgerlichen Streit mit ein paar Fleischer-gehülfen gerieth, von denen einer, aus tiefer Wunde blutend, todt auf dem Platze blieb. Heinsius flüchtete nach Paris, von dort nach London, kehrte nach Frankreich zurück, das er nach allen Richtungen durchzog, kam auch nach Deutschland, nach Italien, trat in Rom zum Katholizismus über, in der Absicht, Leibarzt der Königin Christine zu werden, die dort Hof hielt. Einige Jahre harrte er aus, dann finden wir ihn in Deutschland, wo er 1687 als Leibarzt des Kurfürsten von Brandenburg auftritt und in der Folge eine Reihe medizinischer Schriften herausgiebt. Ueber den Ausgang seines vielbewegten Lebens sind wir in ziemlicher Dunkelheit gelassen. Dasjenige seiner Werke, welches uns hier in erster Linie interessiren muß, der Schelmenroman: „De vermakelyke Avanturier-wonderlyke Levens-loop van Mirandor" ist 1695 zu Amsterdam erschienen.[6]

Wenn Jonckbloet in seiner „Geschichte der Niederländischen Litteratur" („Geschiedenis der Nederlandsche Letterkunde") aus einer Stelle des Buches, vom neulichen Tode Turennes handelnd, schließen will, daß der Roman etwa 1675 entstanden sei, werden wir doch besser thun, das Datum um circa 15 Jahre später zu verlegen. Jedenfalls haben wir es mit einem Werke zu thun aus den reiferen Lebensjahren seines Verfassers, der seinen Namen nur durch die Initialen N. H. auf dem Titel- blatte angegeben hat. „Der ergötzliche Abenteurer Mirandor" bringt in zwei Theilen, deren jeder sechs Bücher umfaßt, zwar nicht des Autors eigenen Lebenslauf, aber in den dort vorge- tragenen „vermakelyken Bejegeningen, wonderlyken Toevallen, aangenamen Amourettes" spiegeln sich aufs deutlichste der Charakter und die Neigungen dieses letzten Sprosses einer in der gelehrten Welt hochangesehenen Familie.[7]

Mirandor kommt in einer Stadt Hollands als der Sohn eines Kleidermachers, der die Köchin eines Edelmannes geheirathet, zur Welt. Während der Vater im Wirtshaus sitzt, scharmirt die Mutter mit den flotten Studenten, und der Knabe hat eine harte Jugend durchzumachen, bis es ihm gelingt, nach Antwerpen zu entfliehen, wo er sich als Stalljunge fortbringt. In Brüssel wird er dann Schreiber bei einem „gelehrten" Advokaten. Er macht die Bekanntschaft Belindors, des Sohnes eines vornehmen Klienten, nimmt Theil an des Freundes Erziehung und bezieht mit ihm die Hochschule zu Löwen. Dort und in Paris, wo Belindors Oheim, der Graf von Aspremont weilt, bestehen die Jünglinge allerlei Liebesabenteuer. Wir hören viel von einer Diana, einer Clarissa, einer Rosamir, eingehende Schilderungen aus dem Hofleben des vierzehnten Ludwig werden eingeflochten, ein Amsterdamer Bauernjunge, Philax benamset, tritt auf als Typus eines echten Picaro, auch Florimond, Mirandors Bruder, nimmt in der Erzählung einen breiten Raum ein. Die Vor-kommnisse spielen sich in Holland, Flandern, Brabant, Frankreich und London ab, wohin Florimond gegangen. Clarissa stirbt, Mirandor hat sich wieder nach Holland begeben, wo er mit einem Nachwort an den „waarden lezer" seine Aufzeichnungen abschließt.

Der Roman fand bei seinem ersten Erscheinen den Beifall der Leserwelt. Er wurde achtmal im Original herausgegeben, zweimal ins Französische, einmal ins Italienische übertragen, auch gab er Anlaß zu verschiedenen, freilich recht werthlosen Fortsetzungen und Nachahmungen.

„Der ergötzliche Abenteurer Mirandor" ist wohl nur im bedingten Sinne als eine Originalarbeit zu betrachten, denn seine Abhängigkeit von spanischen und französischen Vorbildern ist allzuleicht ersichtlich, und Heinsius hat weit dreister noch, als Le Sage dies gethan, und ohne jegliche Grazie die Romane und Novellen eines Aleman, eines Espinel, eines Quevedo, eines Sorel, eines Scarron für seine Zwecke ausgeplündert.

Ein anderer Schelmenroman des Heinsius: „Don Clarizel de Gontarnos", dem eben besprochenen weit zu unterstellen, ist

1697 zu Amsterdam erschienen und wurde einige Jahre später noch einmal aufgelegt. Er ist vielleicht nicht mehr als die holländische Verarbeitung eines französischen Vorbildes: „Chevalier Hypocondriaque par Du Verdier."[8]

So hat das Schriftthum der Spanier zwar einen Holländer direkt angeregt zur Produktion auf einem ganz eigenartigen Gebiete, aber Heinsius ist doch eigentlich ohne berufene Fortsetzer geblieben, auch war seine schöpferische Kraft offenbar zu gering, um hier bahnbrechend zu wirken. Dasselbe gilt für uns Deutsche. Wir alle wissen, daß zu allen Zeiten englische und französische Vorbilder maßgebend waren für den Ausbau und die künstlerische Gestaltung der deutschen Prosadichtung. Direkt hat zwar die novela picaresca nichts dazu beigetragen, aber in dem „abenteuerlichen Simplicius Simplicissimus", 1669 zu Mömpelgard erschienen, besitzen wir einen Schelmenroman par excellence. Es kann als ausgemacht gelten, daß Christoph von Grimmelshausen, der Verfasser, welcher bekantlich als Amtmann zu Renchen im Schwarzwald 1676 verstorben, bei Abfassung dieses seines Hauptwerkes, das Viele als seine eigene Lebensbeschreibung betrachten, Kenntniß gehabt von dem bereits oben besprochenem Buche: „Vida y hechos de Estevanillo Gonzales, Hombre de buen humor, compuesto por el mismo", welches ja bereits 1646 zu Antwerpen erschienen war. Daß von dem Buche keine deutsche Ausgabe veranstaltet ward und daher nur im Original zugänglich gewesen, konnte für Grimmelshausen, der ja ungemein sprachenkundig war, einer allenfallsigen Benützung kein Hinderniß in den Weg stellen.

Eine flüchtige Inhaltsangabe mag die zwischen der deutschen und der spanischen Erzählung bestehenden Aehnlichkeiten, die freilich in den einzelnen Episoden noch schärfer zu Tage treten, darthun.

Simplicius, als Bauernknabe im Spessart ohne alle Er

ziehung aufgewachsen, wird von einem Einsiedler nothdürftig
unterrichtet und kommt dann nach Hanau in das Haus des
Gouverneurs, der ihn zu seinem Schalksnarren abrichten will.
Er entflieht, geht unter die Soldaten, macht reiche Beute, ver-
liert aber unerwartet rasch Geld und Gut, wendet sich nach
Paris, wo er eine Zeit lang herrlich und in Freuden lebt, bis
das Glück urplötzlich umschlägt. Jetzt zieht er als Musketier
und Quacksalber durch die Lande und gelangt auch in die
Schweiz. Später erfährt er, daß der Einsiedler, welcher ihn
erzogen, sein Vater, der Gobernador sein Oheim mütterlicher-
seits gewesen. Dann folgen wiederum abenteuerliche Reisen und
zuletzt verbringt Simplicius als Einsiedler seine Tage in stiller
Beschaulichkeit.

Hier schließt die Erzählung, die, in epischer Breite ausgeführt, gleichfalls nach spanischen Vorlagen kürzere und längere
Erzählungen episodisch mit dem Ganzen verbunden enthält.
Wir können mit bestem Willen den „Simplicius" nicht als
eigentliches Kunstwerk betrachten, denn Anlage und Ausführung
weisen dem Romane eine inferiore Stellung in der Weltlitteratur
neben den bezüglichen Leistungen anderer Nationen an. Das
geringere Können des deutschen Autors muß uns alsbald klar
werden, wenn wir ergründen, in welch ungeschlachten Formen,
aus einem schier überreichen Material geschöpft, die Geschichte
eines ganzen Menschenlebens hier zur Darstellung kommt.
Dagegen wird, abgesehen also von rein litterarischen Mängeln,
das Buch jederzeit hohen kulturhistorischen Werth zu beanspruchen
haben, da es, seinen Inhalt vielfach direkt dem wirklichen Leben
jener Zeiten entnehmend, uns mitten in die Greuel des dreißig-
jährigen Krieges führt. In freilich oft recht kunstlosen Schilderungen stellt der Verfasser uns das wüste Treibe der Lands-
knechte vor Augen, ihre Spielwuth, ihre Rauflust, ihren Aber-
glauben, das damals grassirende Hexenwesen, den tollen Teufels-

jpuk, die unmenschliche Entartung der Großen, der Heerführer wie der zuchtlosen Soldateska, das üppige Wollustleben zu Paris. Für den Historiker hat der Roman ohne weiteres den realen Werth eines Memoirenwerkes, und findet sich bekanntlich der „Simplicissimus" vielfach angezogen in Freytags „Bildern aus der deutschen Vergangenheit".

Die Schreibweise ist kurz und einfach, natürlich bis zur Roheit, volksmäßig, durch Sprüchwörter und bildliche Redens= arten reich belebt, witzig und humoristisch, die vielen spruch= artigen Wendungen verleihen dem Ausdruck eine gewisse sinn= liche Heiterkeit und machen eben dadurch die Darstellung lebendig und anschaulich. Aber die schlichte Prosa des Vortrags steigert sich an vielen Stellen zu poetischer Wärme, und mitten aus den Schilderungen verübter Niedrigkeiten und Roheiten leuchtet dann ein heißes Verlangen nach den ewigen Idealen. Wenn Simplicius uns erzählt von seinem Aufenthalte in den Schweizer Landen, wirkt der Kontrast der Friedenssehnsucht in der Seele des Helden mit den Erinnerungen aus dem blutigen Soldaten= leben und dem wilden Abenteuerthum ergreifend auf den Leser. Das schöne Lied „Komm, Trost der Nacht, o Nachtigall" gilt als eine Perle der Volkspoesie jener Zeiten.

Alles in allem ist der „Simplicissimus" das Werk eines kern=deutschen Mannes, der den gräßlichen Krieg mitdurchlebte, dessen ganze gesund=derbe und urwüchsige Darstellungsweise uns aber zugleich auf jedem Blatte reichlich Gewähr leistet, daß trotz allem Jammer, trotz alles Elends eine Nation nicht untergehen kann, wofern sie nur nicht selber sich aufgiebt.

Wir können die ganze Litteratur der Vagabundenromane, wie sie „Simplicissimus" im Gefolge hatte, mit Schweigen übergehen. Was sollen uns Werke, wie der Schelmuffski, Hepelies akademischer Roman u. a. m.? Wenn wir sogar in den ausführlichsten Litteraturgeschichten wenig mehr als den

Titel verzeichnet finden, so ergiebt sich mit Gewißheit das Eine, daß die Bücher selbst bald einer wohlverdienten Vergessenheit anheimgefallen.

Im französischen Schriftthum hatte, wie wir gesehen, das género picaresco starke Wurzeln geschlagen und in Le Sages Romanen treffliche Früchte gezeitigt. Auch Beaumarchais, der Vielgewandte und Vielerfahrene, hatte sich an den Spaniern herangebildet; sein Figaro ist, so läßt sich wohl behaupten, der verfeinerte picaro des 18. Jahrhunderts. Champfleury, der in seinem ersten, nach dem Helden genannten Roman „Le Chien-Caillou" (1847), den V. Hugo für ein Meisterwerk im Fache realistischer Darstellung erklärte, uns so erschütternde Scenen von Noth und Elend entrollt, daß wir schaudernd uns abwenden von solch ungeschminkter Wiedergabe des Gräßlichen, beweist auf jeder Seite seiner Geschichten aus der Bohème, wie fleißig und getreulich er jene alten Meister der Realistik studirt.

Während unter den Neueren und Neuesten ein Daudet u. A., gleich einem Dickens und seiner Schule, uns erfreuliche Bilder und Gestalten aus dem wirklichen Leben unserer Tage in welt= bekannten Romanen vorführen, hat Emil Zola, der Chorage der äußersten Linken bei dieser litterarischen Bewegung, sich vorgenommen, die Verneinung des Romantizismus in den radikalsten Kundgebungen zu predigen. Die konsequente Durch= führung eines solchen Programms wäre zugleich die Ver= nichtung der Poesie überhaupt. Das Sonderbarste an der ganzen Sache ist der Umstand, daß Zola sich entschieden dagegen auflehnt, ein Dichter genannt zu werden, und dennoch wäre er ohne poetische Begabung ja niemals im stande gewesen, einen allereinzigen seiner Romane, mit denen er so durchschlagende Erfolge erzielte, zu schreiben. Wie verderblich aber sein Beispiel auf seine Nachahmer in Deutschland gewirkt, denen oft alles

Talent zu fabuliren abgeht, braucht nicht erst hier angeführt zu werden.

In Vapereaus L'année littéraire vom Jahre 1858 findet sich die Stelle: „Wir stehen am Anfang eines Prozesses, der noch lange nicht erschöpft ist; wir werden den Kelch bis auf die Hefe zu leeren haben." Heute, also mehr denn drei Jahrzehnte später, läßt sich behaupten, daß die ganze Bewegung schon stark im Niedergang begriffen ist. Der Naturalismus, so wie Zola ihn definirt, kann nicht den Anfang, sondern nur das Ende aller dichterischen Bestrebungen bezeichnen.

Für Zolas Anmaßung, „praktische Soziologie zu machen und mit seinem Schaffen den politischen und ökonomischen Wissenschaften zu Hülfe zu kommen", wie er in der Zeitung „Voltaire" verkündigt, hat die ernste Kritik jederzeit nichts gehabt als das Lächeln der Geringschätzung. Zola ist kein Mann der Wissenschaft, kann nie als solcher gelten; er ist kein Forscher, sondern, er mag sich sträuben wie er will, nur ein Dichter, der nicht mit der Urtheilskraft ausschließlich, sondern mit der rege schaffenden Phantasie arbeitet. Wie viele der gröbsten Verstöße gegen die Elemente der Physiologie und der Psychologie Zola sich in seinen Romanen hat zu Schulden kommen lassen, ist ihm von seinen Widersachern bis zum Ueberdruß bereits vorgeworfen worden, und wenn wir nun, freilich im Widerspruch mit der nicht geringen Zahl seiner begeisterten Verehrer, die Werthschätzungen seiner Novellen nach ihrer wissenschaftlichen, politischen und kulturhistorischen Bedeutung arg herunterstimmend uns fragen, wie sieht es überhaupt aus mit der Originalität seines rein poetischen Schaffens, denn noch einmal, einzig als darstellender Künstler, kann er uns etwas bedeuten, so lautet die Antwort, daß er nur da wirklich groß genannt werden darf, wo er, wenngleich mit innerem Widerstreben, den alten und oft gehöhnten Gesetzen der Aesthetik zu folgen produzirt, was ja zum Theil in seinen frühesten Werken der Fall ist.

In mehr als einer Hinsicht erinnern Zolas Romane lebhaft an die Erzeugnisse der Spanier im género picaresco, zumal was ihre Technik anbelangt; die meisten könnten ohne allzu großen Aufwand an Mühe in Autobiographien umgewandelt werden, und dann hätten wir in seinen Helden und Heldinnen die legitimen Nachfolger eines Lazaro, eines Guzman u. A., die moralischen Betrachtungen, in denen die fahrenden Ritter der Landstraße sich ergehen, werden bei Zola durch breite und eingehende Detailschilderungen, sei es der Lokalität, der just herrschenden Witterung, des Aeußeren der auftretenden Personen ersetzt. Hier wie dort, was nur zu loben bleibt, ist die Fabel der Erzählung immer einfach und klar, keine künstlich ausgesponnenen Intriguen, keine weit verzweigten Verwickelungen suchen die Neugierde des Lesers in unnatürlichem Grade zu reizen. Aber Zola thut auch, obgleich ihn Jahrhunderte trennen von seinen Vorläufern, eigentlich keinen entscheidenden Schritt weiter in der Kunst der Vorführung wirklicher Charaktere; Effekt erzielt er nur, wenn er uns Leute aus den unteren und untersten Schichten schildert, die er mit photographischer Treue uns vor Augen stellt, was ihm freilich oft nur durch ein wahres Uebermaß beschreibender Mittel ermöglicht ist. Wenn es, um mit Goethe zu sprechen, wahr ist, daß in der Beschränkung sich der Meister zeige, dann hätte Zola von den Spaniern noch weit mehr lernen können; den charakteristischen „Arme-Leut-Geruch" plastisch, so zu sagen handgreiflich zu malen, reichten diese mit einem recht kleinen Vokabular aus. Aber die Spanier wußten gelegentlich auch eine Figur aus den höheren Ständen treffend zu bezeichnen, bei Zola sind die Vertreter des Adels, der Finanz, der Kunst und der Journalistik doch samt und sonders plumpe, öde und geistlose Gesellen. Zolas Einseitigkeit, sein partielles

Unvermögen wird uns aufs deutlichste klar, wenn wir „Excellenz Rougon" mit irgend einem Werke Daudets vergleichen. Seine Darstellungsweise äußert nur da ihre packende Kraft, wo er mit drastischen Mitteln wirken kann, der stärkste Ausdruck gilt ihm in der Regel als der beste, und es ist sicher eine zweifel= hafte Bereicherung, die dem französischen Sprachschatze dadurch zu theil geworden, daß er der langue verte, dem Jargon, dem denkbar rohesten Ausdruck Bürgerrecht in der Litteratur ver= schaffte. Nichts wäre thörichter, als die Zola'schen Romane ohne weiteres den pikaresken Novellen anreihen zu wollen, aber keinen Augenblick darf geleugnet werden, daß zwischen beiden Arten eine große innere Verwandtschaft besteht, und vielleicht ist es mehr als Zufall, daß Zola rein südländischer Provenienz, der Sohn eines Italieners, der Enkel einer Candiotin ist. Die Schelmenromane der Spanier sind nicht Kunstwerke in jenem höheren Sinne des Wortes, nie wurden sie von den Verfassern als solche ausgegeben, aber sie boten in oft recht ansprechendem Gewande, in leichter gefälliger Vorführung frisch und flott gezeichnete Bilder aus dem wirklichen Leben jener Zeit, dem sie ihre Entstehung verdanken. Sie sind die Vorbilder geblieben für realistische Darstellungen später Geschlechter, so zwar, daß, wer sie kennt, nimmermehr glauben kann an die Entdeckung des Naturalismus durch einen Zola. Die novela picaresca hat ihre Lebenskraft durch Jahrhunderte hindurch siegreich behauptet, wer will heute sagen, wie unsere Enkel über den Experimental= Roman urtheilen werden?

Wofern nicht alle Anzeigen trügen, hat der Naturalismus, als rein litterarische Bewegung aufgefaßt, längst seinen Höhe= punkt erreicht und überschritten. Bald wird eine Zeit kommen, wo man das Berechtigte der Forderung einsehen lernt, die unser Schiller aufgestellt: „Der Dichter soll sich über die Wirk= lichkeit erheben, aber innerhalb des Sinnlichen stehen bleiben=

Wo beides verbunden ist, da ist ästhetische Kunst. Aber in einer ungünstigen formlosen Natur verläßt er mit dem Wirklichen auch das Sinnliche und wird Idealist — wenn sein Verstand schwach ist, gar phantastisch. Oder er bleibt bei dem Wirklichen stehen, wird realistisch, und wenn die Phantasie fehlt, knechtisch und gemein."

Anmerkungen.

[1] Auch das Büchlein: La vida de Lazarillo de Tormes y sus Fortunas y Adversidades hat seine Schicksale. Von der ersten Ausgabe dürfte wohl, wenn wir den Aussagen Brunets (Manuel 1862) trauen, kein einziges Exemplar mehr existiren, dagegen sind in der Wiener Hofbibliothek, in den Büchern des Herzogs von Devonshire, auf dem Schlosse von Chatsworth und im britischen Museum zu London in einem Exemplar die (zweite) Ausgabe von Antwerpen, die zu Burgos und die zu Alcala de Henares 1554 veranstalteten Nachdrucke vertreten. Nähere bibliographische Einzelheiten finden sich in dem sehr anziehend geschriebenen Nachwort welches W. Lauser seiner vortrefflichen Verdeutschung des Lazarillo: Der erste Schelmenroman. Stuttgart 1889. J.G. Cottas Nachfolger, angefügt hat.

[2] Die Vorzüge der Alemanschen Diktion, seine rein litterarische Bedeutung sind warm gewürdigt in dem lesenswerthen Aufsatz: Navarrete Bosquejo histórico sobre la novela española. LXXIII. Bibl. de aut. esp. Tomo XXXIII.

[3] Die interessante Erscheinung dieses hervorragenden Staatsmannes und Dichters findet eingehende Würdigung in Reinhold Baumstarks lesenswerthem Buche: „Don Francisco de Quevedo. Ein spanisches Lebensbild aus dem 17. Jahrhundert. Freiburg 1871.

[4] Herr Dr. J. Stürzinger, Professor für romanische Sprachen und Litteraturen an der königl. Universität Würzburg, hatte die große Liebenswürdigkeit, gelegentlich einer nach Paris zu wissenschaftlichen Zwecken unternommenen Reise in der National-Bibliothek Umschau zu halten, und drängt es mich, genanntem Herrn für seine große Bereitwilligkeit, meinen Zwecken zu dienen, an dieser Stelle verbindlichsten Dank auszusprechen.

[5] Die bezeichnende Stelle findet sich am Ende des zweiten Theils

des „Don Quijote", wo es heißt: „No ha sido otro mi deseo, que poner en aborrecimiento de los hombres las fingidas y disparatas historias de los libros de Caballerias."

⁶ Der vollständigere langathmige Titel dieses trotz seiner acht Auflagen ziemlich selten gewordenen Werkes findet sich in der hochinteressanten Schrift des bekannten Litterarhistorikers Dr. Jan ten Brink, Professor an der Reichsuniversität Leyden: „Dr. Nicolaas Heinsius jun. Eene studie over den Hollandschen Schelmenroman der zeventiende eeuw. Rotterdam 1885.

⁷ Die Münchener königl. Hof- und Staatsbibliothek besitzt ein Exemplar der selten gewordenen 2. Auflage vom Jahre 1704: Op nieuws overgesien en verbeterd. — Versiert met Copere Figuren." Eerste Deel, 356 bl. — Tweede Deel 376 bl.

⁸ Von N. Heinsius herrührend sind vielleicht noch zwei Bücher zu nennen, deren in ten Brinks Schrift nicht Erwähnung geschieht:

Het zeltzame Leven von een vermaerde en alom beroemde Troep France Comedianten. Naer't fransch van den Heer N. H. Amsterdam 1779. 2 dln. 8⁰.

Het vermakelyke levensverhaal van den gelukkigen Corillon door N. H. Rotterdam z. j. (17 . . .) 12⁰.